本书为贵州省普通高等学校青年科技人才成长项目［编号：黔
128］的研究成果之一；六盘水"三变"改革研究院研究成果之一。

生态文明视角下六盘水市传统村落保护与发展研究

付林江　著

中国纺织出版社有限公司

内 容 提 要

本书以生态文明为视角，以六盘水市传统村落为研究对象，梳理了六盘水市传统村落的格局、建筑的风格、乡土植物、非物质文化、公共建筑空间等内容。通过实地调研，借助归纳与演绎、横向对比等方法，探索了六盘水市传统村落在生态环境保护、生态建筑营造、生态产业发展、生态人居提升、生态管理优化、生态文化弘扬等方面的生态路径，以期为六盘水市传统村落在生态文明建设背景下的保护与发展规划提供一定借鉴，为建设美丽中国、实现中华民族永续发展贡献一份力量。

图书在版编目（CIP）数据

生态文明视角下六盘水市传统村落保护与发展研究 / 付林江著 . -- 北京：中国纺织出版社有限公司 , 2023.3
ISBN 978-7-5229-0140-4

Ⅰ.①生… Ⅱ.①付… Ⅲ.①村落－保护－研究－六盘水 Ⅳ.① K927.33

中国版本图书馆 CIP 数据核字 (2022) 第 234075 号

责任编辑：向连英　　特约编辑：武亭立
责任校对：高　涵　　责任印制：储志伟

中国纺织出版社有限公司出版发行
地址：北京市朝阳区百子湾东里 A407 号楼　邮政编码：100124
销售电话：010—67004422　传真：010—87155801
http://www.c-textilep.com
中国纺织出版社天猫旗舰店
官方微博 http://weibo.com/2119887771
三河市延风印装有限公司印刷　各地新华书店经销
2023 年 3 月第 1 版第 1 次印刷
开本：710×1000　1/16　印张：11.5
字数：165 千字　定价：78.00 元

前　言

　　传统村落作为中国传统文化的重要载体，是广大劳动人民智慧的结晶。传统民居建筑、生产生活习惯、民风民俗等物质文化遗产和非物质文化遗产在当代具有较高的历史文化价值、社会价值和经济价值，是我国不可再生的宝贵资源。但是随着工业化和城市化的不断推进，年轻人逃离乡村，传统的生产生活方式逐渐被遗忘，传统的社会结构逐渐解体，分布在我国广袤土地上的传统村落正面临着严峻的挑战以及消亡的危险。

　　中国共产党第十八次代表大会站在新的历史起点上，做出"大力推进生态文明建设"的战略决策，把生态文明建设放在一个突出的位置，将其融入经济建设、政治建设、文化建筑和社会建设的各个方面和全过程中去，建设美丽中国，实现中华民族永续发展。传统村落蕴含着生态文明建设的新文化，其生态文明思想主要体现在村落选址、村民生产生活习惯与自然环境的协调、民居建筑与自然山水的关系等方面。所以，生态文明建设为传统村落的生态保护和可持续开发提供了新的思路。

　　六盘水地处滇黔两省的交界处，是一个多民族聚居的地区，这里的人们与大自然和谐相处，形成了独具特色的民族风情。本书基于生态文明视角，以六盘水市10个传统村落为研究对象，通过对其进行实地调研，分析该地区传统村落的现状，找出其存在的问题；梳理六盘水市传统村落格局、建筑肌理、建筑材料、乡土植物、非物质文化、公共建筑空间等方面的差异性，及其保护与发展的侧重点和方法；结合各传统村落格局和特点，从生态文明的三大视角出发（人与自然、人与社会、人与人的和谐），提出传统村落保护与发展规划的原则和战略；探索六盘水市传统村落在生态环境保护、生态建筑营造、生态产业发展、生态人居提升、生态管理优化、生态文化弘扬等方面的路径，以期为六盘水市传统村落在生态文明建设背景下的保护与发展规划提供一定借鉴。

付林江

2022 年 11 月

序

　　第一次遇见付林江，是在 2012 年冬天的西北农林科技大学校园。六盘水师范学院艺术学院院长杨再伟带着我从西安驱车前往杨陵区的风景园林艺术学院，一走进校园，映入眼帘的是道路两侧生长茂盛的各类园林和经济林植物。我见到付林江时，已是下午，付林江穿着朴素、言语不多、诚实稳重。2013年我们成为同事，从此开始近十年的教学、科研和教研室合作。付林江兢兢业业的工作作风给人留下了深刻的印象，他对工作认真负责的态度在这个浮躁的时代显得尤为珍贵，其潜心科研的劲头从未消减。从教以来，付林江主要承担风景园林和城乡规划本科专业课程教学和相关科研工作，并取得一系列成果。

　　欣闻付林江的著作《生态文明视角下六盘水市传统村落保护与发展研究》即将付梓，该著作对其进一步提升专业理论和实践技能有重要意义。六盘水市传统村落保护和开发利用工作起步较晚，进入国家传统村落保护名录的村落数量还有待增加，相关部门需要提高对传统村落中蕴含传统农耕文化资源的重视程度，教学单位更需要结合本地区传统村落的历史文化脉络，提炼出本地区的文化符号特征、民族特色文化元素，发挥地域文化优势品牌，打造特色文化品牌，为六盘水市乡村振兴打下坚实的基础。该项工作还可以继续深入，拓展至社会实践中。

六盘水市师范学院土木与规划学院副院长

副教授、高级工程师、注册规划师　肖波

2022 年 11 月

目　录

第 1 章 绪论

1.1　课题的缘起与背景

1.1.1　社会背景

人类经历了农业文明、工业文明，21 世纪进入了"生态文明"的时代。2012 年中国共产党十八大报告中指出："面对资源约束趋紧、环境污染严重、生态系统退化的严峻形势，必须树立尊重自然、顺应自然、保护自然的生态文明理念，把生态文明建设放在突出地位，融入经济建设、政治建设、文化建设、社会建设各方面和全过程，努力建设美丽中国，实现中华民族永续发展。"把经济建设、政治建设、文化建设、社会建设、生态文明建设作为中国特色社会主义事业"五位一体"的总布局考虑（王佳佳，2014）。中国是一个农业大国，农村地域广阔，人口众多，农村生态文明建设是影响我国生态文明建设的关键（吴婷，2021）。农村是国家农业产业的集中地，是国家生态屏障，它现在面临着水土流失、土地荒漠化、森林植被锐减等生态环境问题。目前，乡村依然占据着 94% 以上国土面积，要推进生态文明建设，解决农村生态文明建设过程中存在的问题是一个重大的突破口（张董敏，2016）。

进入 21 世纪，在中国经济快速增长的背景下，中国的城镇化率从 1987 年的 17.9% 提高到 2018 年的 59.6%（张卓群，2019）。但是随着中国城市化脚步的不断迈进，新农村建设、农业现代化的推进与乡村旅游的快速发展，一些传统村落不断遭受"开发性、建设性、旅游性"的破坏，数量在不断减少。据调查数据显示，2000～2010 年，中国自然村由 363 万个锐减至 271 万个，10 年间减少了 90 多万个。2015 年总数为 230 万个，仅 5 年间减少了 40 多万个，这些消失的自然村落中包括大批历史悠久的传统村落（图 1-1）。所以制定符合我国国情的传统村落保护与发展策略迫在眉睫（黄力为，2017）。

在这 230 多万个自然村中，有一大批是具有悠久历史并且保留了一定历史时期的传统风貌的村落。中国传统村落是指民国前建村，且建筑环境、建筑风貌、村落选址等方面均没有大的变动，具有独特民俗民风，虽年代久远，但至今仍为人们服务的村落（周冰倩，2016）。2012 年 4 月 16 日，住房和城乡建设部、文化部、国家文物局、财政部印发了《关于开展传统村落调查的通知》，文件明确了传统村落的概念：中国传统村落是指村落形成较早，拥有较丰富的资源，具有一定历史、文化、科学、艺术、经济、社会价值，应予以保护的村落。从 2012 年到 2018 年，由住房和城乡建设部、文化部、国家文物局、财政部组织开展的 5 次传统村落调查与评选工作中，7 年时间里共有 6819 个村落入选中国传统村落名单（窦银娣，2020）。

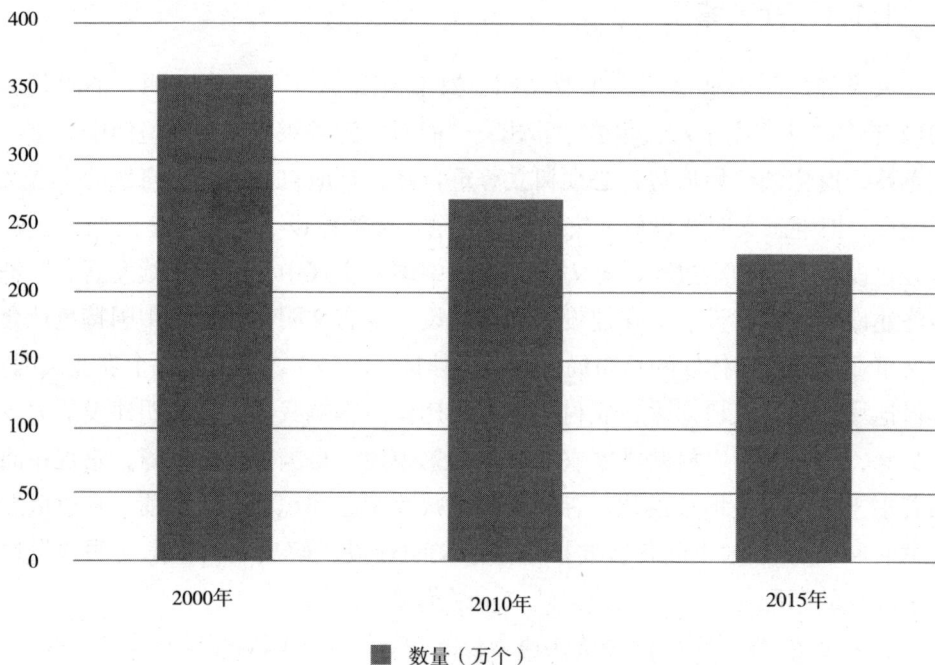

图 1-1　2000～2015 年中国自然村数量变化

　　传统村落是中华民族农耕文明的载体，保存着数量庞大的物质文化遗产与非物质文化遗产，蕴含着深厚的中华传统文化精神与内涵，是中华民族创造力、生命力与民族智慧的见证（梁水兰，2013）。著名学者冯骥才说过："中华民族最久远绵长的根不在城市中，而是深深扎根在古村落。中国最大的物质文化与非物质文化遗产的复合和总合是古村落。"传统村落是历史文化遗产的重要组成部分，它反映了不同时期、不同地域、不同经济社会发展阶段形成和演变的历史过程，真实记录了传统建筑风貌、优秀建筑艺术、传统民俗民风和原始空间形态，是中华民族文化的源头与根基（李春青，2018）。鲁可荣等人认为中国传统村落具有农业生产价值、生态价值和文化传承与教化价值（鲁可荣，胡凤娇，2016）。夏周青把中国传统村落的价值归纳为历史文化价值、社会价值与经济价值（2015）。张松指出，传统村落的保护在环境遗产保护、城乡环境品质提升和新形式人居环境塑造方面都有重要的现实价值（2017）。

1.1.2 理论背景

自 2012 年开展传统村落调研保护工作以来，中国政府及相关部门为保护传统村落先后出台了一系列文件。2013 年，中共中央、国务院出台的《关于加快发展现代农业　进一步增强农村发展活力的若干意见》中提出"加大力度保护有历史文化价值和民族、地域元素的传统村落和民居"；2014 年，中共中央、国务院出台的《关于全面深化农村改革　加快推进农业现代化的若干意见》中强调"制定传统村落保护发展规划，抓紧把有历史文化等价值的传统村落和民居列入保护名录，切实加大投入和保护力度"；2015 年，中共中央、国务院出台的《关于加大改革创新力度　加快农业现代化建设的若干意见》中提出："扶持一批具有历史、地域、民族特点的旅游村镇……完善传统村落名录……落实传统村落和居民保护规划"；2017 年，中国共产党第十九次全国代表大会首次提出"乡村振兴战略"，指出要坚持农业农村优先发展，按照"产业兴旺、生态宜居、乡风文明、治理有效、生活富裕"的总要求，建立健全城乡融合发展体制机制和政策体系，统筹推进农村经济建设、政治建设、文化建设、社会建设、生态文明建设和党的建设，加快推进农业农村现代化；2021 年，在国家"十四五"规划的开局之年，国务院直属机构国家乡村振兴局正式挂牌成立，这对于巩固脱贫攻坚成果与乡村振兴有效衔接，增强脱贫的稳定性和可持续性至关重要。笔者汇总了近年来中国关于传统村落出台的相关政策、文件，如表 1-1 所示。

表 1-1　中国关于传统村落出台的相关政策

年份（年）	相关政策文件
2012	《关于开展传统村落调查的通知》 《关于加强传统村落保护发展工作的指导意见》 《传统村落评价认定指标体系（试行）》

年份（年）	相关政策文件
2013	《关于加快发展现代农业　进一步增强农村发展活力的若干意见》 《关于做好 2013 年中国传统村落保护发展工作的通知》 《传统村落保护发展规划编制基本要求（试行）》
2014	《关于全面深化农村改革　加快推进农业现代化的若干意见》 《关于切实加强中国传统村落保护的指导意见》 《关于做好中国传统村落保护项目实施工作的意见》 《关于组织开展中国传统村落系列宣传活动的通知》 《切实加强中国传统村落保护的指导意见》
2015	《关于加大改革创新力度　加快农业现代化建设的若干意见》 《关于做好 2015 年中国传统村落保护工作的通知》
2016	《关于落实发展新理念加快农业现代化　实现全面小康目标的若干意见》
2017	《国家文物事业发展"十三五"规划》
2019	《关于加强贫困地区传统村落保护工作的通知》
2020	《关于实施中国传统村落挂牌保护工作的通知》
2022	《关于做好 2022 年传统村落集中连片保护利用示范工作的通知》

1.2　研究目的与研究意义

1.2.1　研究目的

从上述社会背景和理论背景可以看出，我国的乡村生态文明建设实践正处于快速发展的阶段，随着我国传统村落研究与保护工作的有序推进，已经取得了很多理论与实践方面的成果。在国家大力推进"美丽乡村建设"的大背景下，将生态文明建设纳入中国特色社会主义事业总体布局，把生态文明的相关理论知识运用到中国广大的乡村保护和建设发展中去，有利于构建人与自然和谐共生的新局面。

本书以生态文明为视角，以贵州省六盘水市传统村落为研究对象，通过对其进行实地调研、问卷调查等定性、定量研究，借助 SPSS、AMOS 数据分析软件，采用归纳与演绎、横向对比等数据分析方法，以期达到以下目的：

①统计分析六盘水市各地区传统村落的现状，分析其存在的问题和成因。

②梳理六盘水市传统村落格局、建筑肌理、建筑材料、乡土植物、非物质文化、公共建筑空间等方面的差异性，以及其保护与发展的侧重点和方法。

③以生态文明建设主体之一的村民为研究对象，探究六盘水市传统村落居民参与生态文明建设的影响因素有哪些。

④以六盘水市传统村落的居民为评价主体，评价六盘水市传统村落生态文明的建设水平。

⑤结合各传统村落的格局和特点，从生态文明的三大视角出发（人与自然、人与社会、人与人的和谐），提出传统村落保护与发展规划的原则和战略。

⑥探索六盘水市传统村落在生态环境保护、生态建筑营造、生态产业发展、生态人居提升、生态管理优化、生态文化弘扬等方面的路径，以期为六盘水市传统村落在生态文明建设背景下的保护与发展规划提供一定借鉴。

1.2.2　研究意义

（1）理论意义

我国传统村落的保护、开发与利用在国家政府、专家学者的努力下，受到越来越多的关注与重视。目前，学术界对于传统村落保护与发展的研究相对丰富，基于生态文明视角的乡村建设科研成果大多是从农村区域发展、社会主义哲学等角度进行论证；而从工科背景出发，站在规划、建筑专业学科去思考传统村落保护与发展如何贯彻生态文明理念的相关成果不是很多。因此，本书立足于生态文明建设的时代背景下，探索六盘水市入选"中国传统村落"名录的 10 个古村落，探究六盘水市传统村落在传承、发展、保护中的生态途径，能够在一定程度上丰富我国生态文明建设的理论。

（2）现实意义

六盘水地处云贵川三省交界处，有着悠久的历史文化遗迹。早在 20 万年前就有古代智人在这里生活，孕育了牂牁古国文明、夜郎古国文明、军屯文化、三线建设文化等优秀的文化遗产。在 21 世纪，在六盘水市从一个工业城市转向建设"生态宜居城市和国际山地旅游度假的美丽凉都"的转型浪潮中，在六盘水市传统村落在城镇化进程的推进中存在大量物质文化遗产和非物质文化遗产丢失等诸多难题的背景下，运用生态文明的思维能够为构建人与人、人与自然、人与社会三者和谐，为可持续发展提供新的建设思路。

1.3　国内外传统村落的研究概况

1.3.1　国外村落研究概况

（1）国外村落文化遗产保护的历程

随着工业革命的推进，城市与乡村的生存问题逐渐显现，国外相关学者对古村落的研究也经历了漫长的历程。各个国家和地区针对本地区的传统村落现状，逐步形成了适用于本国或者本地区的传统村落保护的理论，并进行了一定的实践。

1904 年在马德里召开的国际建筑师大会上通过了《马德里会议建议》议案，提出了对历史建筑的保护；1930 年，法国首次颁布了《风景名胜地保护法》，对法国的建筑、城市、风景遗产进行了不同层次的保护；1950 年，日本出台了《文化遗产保护法》，是世界上第一部关于文物遗产保护的法律，该法律的颁布与执行受到周边各国的效仿与借鉴；1964 年，从事历史文物建筑工作的建筑师和技术员国际会议第二次会议上通过了《保护文物建筑及历史地段的国际宪章》决议，指出文物古迹的保护不仅包括单个建筑物，还包括能从中找出一种独特的文明、一种有意义的发展或一个历史事件见证的城市或乡村环境，即对传统村落整体性保护；1975 年在德国罗登堡国际古迹遗址理事会全体大会第四次会议上通过的《关于历史性小城镇保护的国际研讨会的决议》和在荷兰阿姆斯特丹召开的欧洲建筑遗产大会上通过的《阿姆斯特丹宣言》，提出了历史文化的村落保护和历史城镇保护的概念；1999 年，国际古迹遗址理事会上通过了《关于乡土建筑遗产的宪章》；2003 年，联合国教科文组织通过了《保护非物质文化遗产公约》，非物质文化遗产从此纳入物质文化遗产和村落保护的范围。

（2）国外村落文化遗产保护的基础理论研究

国外学者对传统村落保护的研究，除了对文物遗产保护的研究之外，主要从乡村地理学、历史地理学、聚落形态学三个角度出发，分别研究村落的景观空间和环境、村落的聚落分布特点和人类的社会活动。

乡村地理学是探讨乡村地区的经济、社会、人口、聚落、文化、资源利用及环境问题的空间变化的学科。它把乡村作为整体，从区域性、综合性的角度，研究其经济、社会发展条件、结构特点及空间分布规律。德国人文地理学家、人类学家拉采尔在著作《德国：乡土地理导论》中研究人的活动对地理环境的影响，成为乡村地理学的代表作之一。

历史地理学是研究一定历史时期地理环境及其演变规律的科学，它是地理学的分支学科。就村落而言，历史地理学更多地从村落与人类社会活动之间的关系入手，研究村落与传统建筑结构。鲁道夫斯基在其著作《没有建筑师的建筑：简明非正统建筑导论》中主要研究聚落营造的社会活动。例如，日本建筑大师藤井明在《聚落探访》中分析了古村落的空间布局、领域划分，从而推断出古村落的社会结构、宗族制度和居民信仰以及建筑样式的形成过程。

国外对村落聚落形态作较为系统的地理研究最早开始于德国地理学家科尔，他在《交通殖民地与地形之关系》中对不同类型的村落进行了村落聚落形态对比研究。1928 年，德孟雄将村落划分为聚集和散布两种形态，在1939 年以村落本身形态为标准将法国村落再细分为线型、团状和星形村落；1961 年克里斯泰勒将村落划分为规则的群集聚落和不规则的群集聚落，其中规则群集聚落又可以划分为线型聚落、庄园聚落和街道聚落。随着科技的发展，相关研究学者开始使用地理信息系统（geographic information system，GIS）、建模软件、遥感等技术来对村落聚集形态、空间布局、村落扩展进行定量研究。国外学者对村落聚落研究理论成果的汇总如表 1-2 所示。

表 1-2　国外学者对村落聚落研究理论成果汇总

年份（年）	书名	作者	主要内容
1841	《交通殖民地与地形之关系》	科尔	对不同类型村落进行了村落聚落形态对比研究
19 世纪末	《德国：乡土地理导论》	拉采尔	研究人的活动对地理环境的影响

年份（年）	书名	作者	主要内容
1902	《万莱州聚落研究》	路杰安	研究村落位置与地形、阳光、环境的关系
1930	《人生地理学原理》	维达尔·白兰士	研究人类与环境、建筑材料、住宅的关系
1934	《法国农村聚落的类型》	阿·德芒戎	研究法国村落聚落的类型、分布、形成原因
1940	《人类交通居住与地形的关系》	科尔	研究地形交通与聚落的关系
1964	《没有建筑师的建筑：简明非正统建筑导论》	鲁道夫斯基	展示乡土建筑的魅力
1967	《设计结合自然》	麦克哈格	提出规划设计的原理
1969	《宅形与文化》	Rapoport	研究住宅和聚落的形成与社会文化的关系
1979	《建筑的永恒之道》	亚历山大	乡村聚落与建筑研究
1979	《场所精神：走向建筑现象学》	诺伯格·舒尔兹	建筑与人的生活情境、精神追求的关系
1987	《没有建筑师的建筑》	鲁道夫斯基	研究建筑的设计、保护
2003	《聚落探访》	藤井明	分析了古村落内部的空间布局、领域划分，从而推断出古村落的社会结构、宗族制度和居民信仰以及建筑样式的形成过程

年份（年）	书名	作者	主要内容
2003	《世界聚落的教示100》	原广司	对世界聚落形成的条件进行归纳与总结
2010	《国外乡村设计》	兰德尔·阿伦特	美国小镇规划设计

（3）国外村落保护的实践研究

法国作为西方经济、农业与文化大国，拥有相当丰富的乡村文化资源。在"二战"后经济快速发展的时期，如何振兴乡村经济产业、保护乡村文化遗产成为法国亟须解决的问题。从1930年《景观地法》、1964年《遗产清单》到1983年《地方分权法》，法国相继出台了多部关于保护乡村的法律法规。20世纪70年代诞生于法国民间的"生态博物馆"的理念更是风靡全球。为了保护和见证勃艮第地区16世纪以来的地下采矿活动，创建了克勒索-蒙锡生态博物馆。到1990年，法国逐渐形成了集文化设施发展、文化遗产保护、人文景观规划、文化项目开发为一体的乡村文化战略，对乡村复兴起到了促进作用（汤爽爽，2017；李明烨，2018；万婷婷，2019）。

荷兰非常重视对传统建筑或构筑物、文化遗产的保护。荷兰政府于1961年颁布了第一部与遗产相关的法案，即《纪念物和历史建筑法案》，致力于对具有文化价值的建筑物进行保护。截至2018年，被收录在荷兰国家古迹历史建筑保护名单的已经有69108处。在长期的实践过程中，荷兰的古建筑保护体系形成了两大特色。第一，荷兰政府非常注重古建筑的"活化利用"，即让古老的文化遗产发挥"当代价值"。比如，对拥有4000多处文化古迹的历史名城哈勒姆，不是把它被动地、静态地保护起来，而是依据相关法律法规对其进行改造和再利用，或在古建筑原来的基础上修建新建筑，或赋予古建筑新的形态，让这座古城"活"起来。第二，荷兰政府非常重视古建筑文化的传承性。比如，作为"荷兰四宝"之一的风车（构筑物），荷兰政府成功将鹿特丹附近保存完好的19座风车列入世界文化遗产名录（朱恺奕，2020；姚虹聿，2022）。

德国村落的保护与更新是在政府的资助以及村民和建筑设计师的公共参

与下完成的。德国村落的保护与更新主要从生态、美学、经济、历史文化等方面出发，建设一个生活质量高、生态环境好、国家认同感强、能够实现可持续发展的美丽乡村。德国对村落的保护与更新主要从村落的整体结构、公共空间、私人住宅建筑、历史公共建筑等方面进行。其保护与开发是一个自下而上的过程，先由村民或社区提出申请，并进行项目准备阶段，然后是项目的目标与实施手段的总结，并在村民的参与下完成项目的设计与最后的施工。上述的每一个环节都有村民不同形式的参与（王路，1999；黄一如，2011；本·西格斯，2006）。

20世纪70年代，韩国开始在全国开展"新村运动"。"新村运动"的具体措施是拓展农民增收渠道、加大对农业的投资力度、加强新乡村精神文明建设。"新村运动"一共经历了6个阶段，包括基础建设阶段（1970~1973年）、推广阶段（1974~1976年）、充实提高阶段（1977~1979年）、国民自主阶段（1980~1989年）、自我发展阶段（1990~1993年）、新一轮农村建设阶段（1993年以后）（刘志宏，2019；朴龙洙，2011）。

日本非常重视人与周边环境的关系，追求人与自然的和谐相处。20世纪90年代，日本政府出台了一系列农业保护政策，提出乡村发展必须与生态保护、景观保护相结合。同时，非常重视文化景观的保护，坚持"一村一品"的发展思路。比如，在《宫崎县乡村景观形成基本方针》中，提出三点要求：村落景观必须与村落生活紧密相连、景观的打造必须能够提升村民的自豪感、景观由自然和人们的活动所控制。打造一系列如传统休闲农业、都市型休闲农业、科技型休闲农业、奇异型休闲农业等多种经营模式（王洁，2019；李文静，2019）。

由于早期贵族和乡绅对乡村自然景观的保护与营造，以及某些中产阶级人士对生物多样性和乡村传统文化遗产的关注，英国古村落得到了很好的保护。1926年，时任英国城镇规划委员会主席的帕特里克·艾伯克隆比爵士出版了《英国的乡村保护》一书；20世纪60年代，英国政府加大对乡村的保护力度，颁布并实施了《英格兰和威尔士乡村保护法》等法律法规。英国对古村落的保护多采用保护性修复的原则，强调传统建筑的原真性、历时性，反对过度修复。目前，英国乡村已经成为一座"天然的文化与历史博物馆"。游客可以在乡村中见到运用当地建筑材料修建的各个历史时期的教堂。同时，英国对传统村落的保护也强调将村落纳入自然保护区，尽量保持传统村落与其周边自然生态长期形成的共生关系，让传统村落发挥其在自然保护区可持续演进中的积极作用。不同国家村落保护与再利用实践总结如表 1-3 所示。

表 1-3 不同国家村落保护与再利用实践总结

国家	项目名称	实践内容
法国	生态博物馆	文化遗产的保护与开发
荷兰	风车村	保护建筑遗产、打造乡村旅游
德国	村落更新	村落的整体结构、公共空间、私人住宅建筑、历史公共建筑等方面
韩国	新乡村运动	加大对农业的投资力度、加强新乡村精神文明建设
日本	"一村一品"	打造传统休闲农业、都市型休闲农业、科技型休闲农业、奇异型休闲农业等多种经营模式
英国	天然的文化与历史博物馆	保持传统村落与其周边自然生态长期形成的共生关系，让传统村落发挥其在自然保护区可持续发展中的积极作用
立陶宛	教堂村庄景观	研究教堂村庄景观的历史文化意义价值，总结教堂村庄景观的保护方法

1.3.2 国内传统村落研究概况

目前，针对传统村落开展的研究呈逐年增加的趋势，相关的研究成果也已经有很多。以中国知网文献数据库为搜索对象，以"传统村落"为主题，截至 2022 年 10 月 2 日，共检索相关研究成果 14125 篇，其中期刊论文 7922 篇，学位论文 4035 篇，会议 680 篇。这些研究成果主要集中在传统村落的保护与利用、传统村落的空间分布及演变和传统村落价值的认定与评价三个方面。王云才等人对北京市门头沟区的传统村落进行了综合价值评价，将该地区的传统村落分为遗产性村落、特色性村落和保护性村落三种类型，并提出了传统村落可持续发展的 6 种模式（王云才，郭焕成，杨丽，

2006）。屠李等人基于遗产保护理论，提出以维护传统村落的遗产价值为目标，以原真性和完整性为原则，关注传统村落的空间环境、功能用途、社会结构、经济发展、政治环境的持续变化，建立协调传统村落保护与发展的管理机制（屠李，赵鹏军，张超荣，2016）。汪清蓉采用层次分析法和模糊综合评价法相结合的方法建立评价模型，对传统村落进行定量与定性的实证研究（汪清蓉，李凡，2006）。

　　为了系统了解目前传统村落相关研究的进展与相应的成果，笔者以中国知网文献数据库为搜索对象，分别以"传统村落""传统村落保护""传统村落空间分布""传统村落评价"不同内容为搜索主题，搜索2013～2021年所发表的相关学术论文和学位论文，并对搜索数据进行统计排布，以便了解目前传统村落相关研究的进展与相应的成果。其统计结果如图 1-2～图 1-5 所示。从图中可以看出，国家从 2012 年开始着手对传统村落名录进行申请认定，其相关的学术研究成果从无到有，呈现逐年增加的趋势。其中，对传统村落保护与利用方面的研究相对较多，而对传统村落的空间分布、传统村落的评价方法方面的研究成果相对匮乏，还有很大的研究空间，仍需要研究者进一步探究。

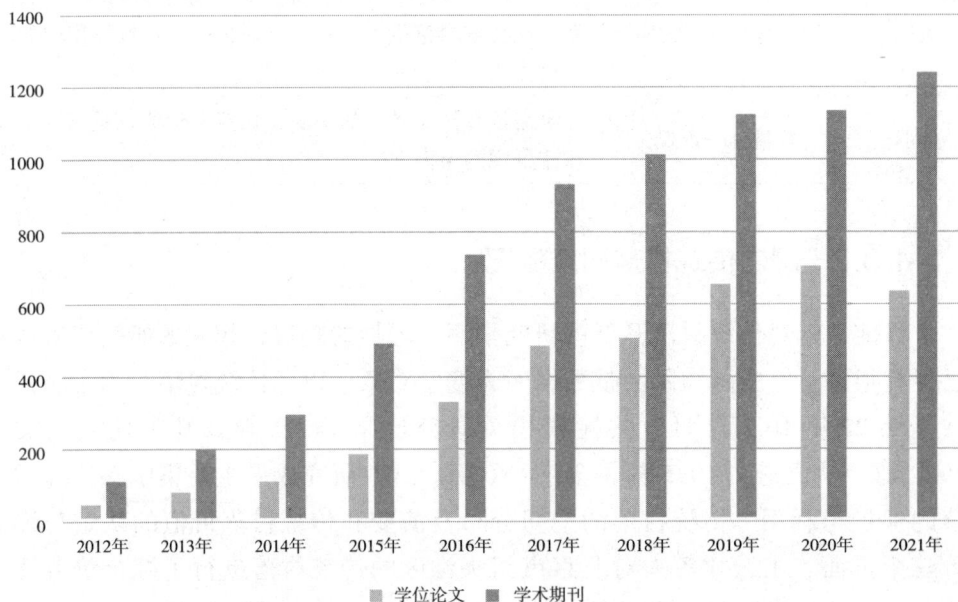

图 1-2　以"传统村落"为主题搜索到的数据

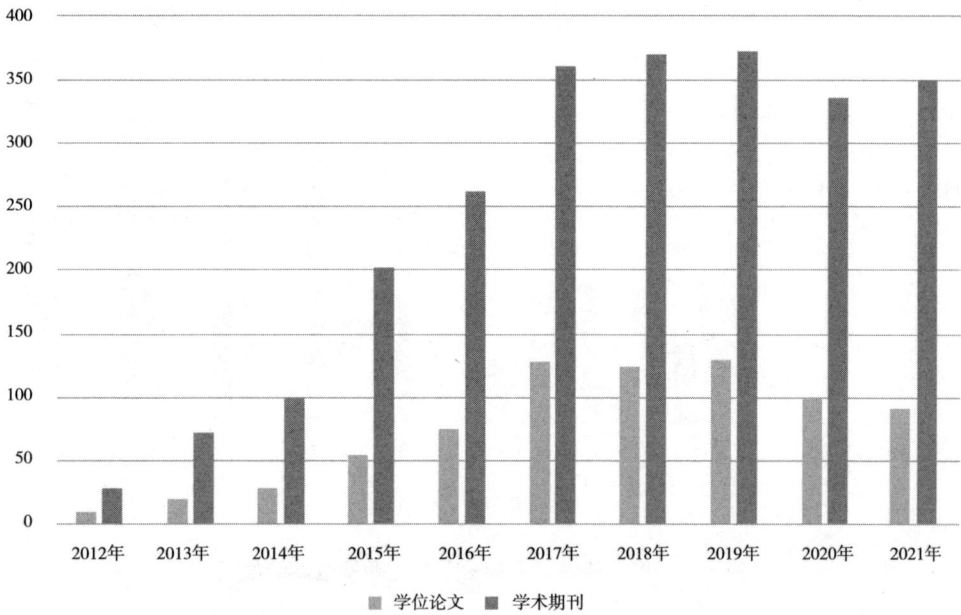

图 1-3　以"传统村落保护"为主题搜索到的数据

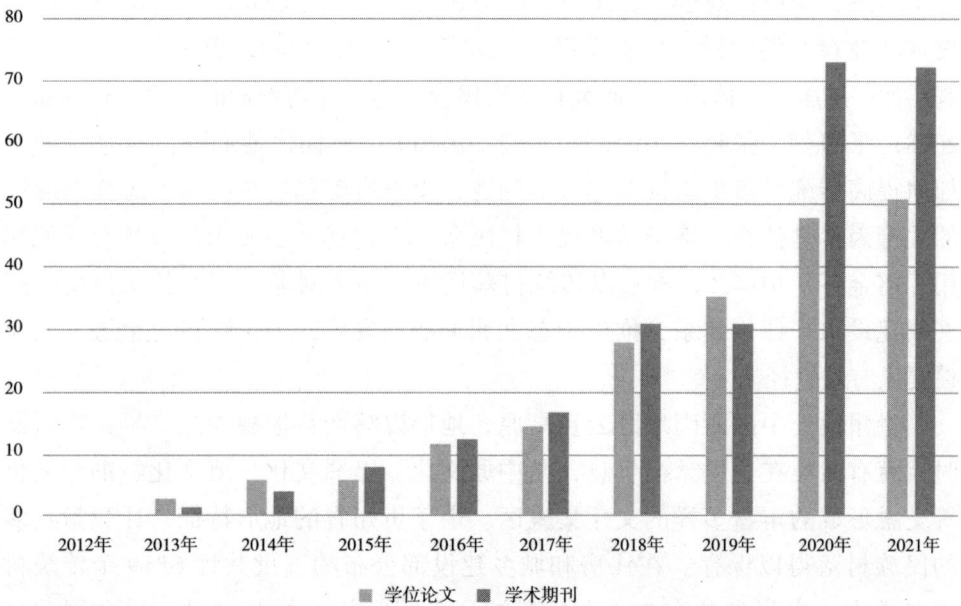

图 1-4　以"传统村落空间分布"为主题搜索到的数据

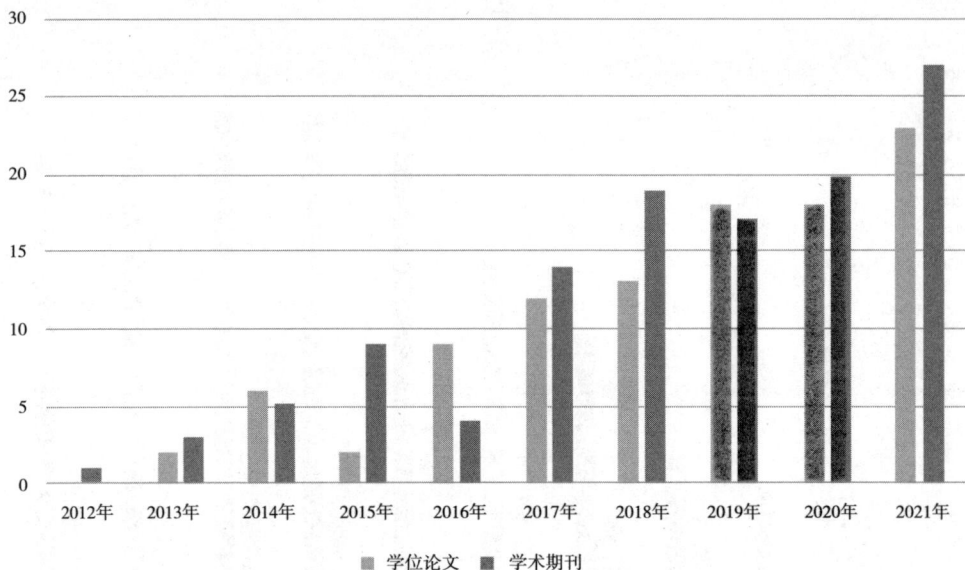

图 1-5 以"传统村落评价"为主题搜索到的数据

同时，基于生态文明视角的传统村落的研究成果也不是很多。宏观层面，主要研究传统村落生态文明的基因、生态文明价值、生态文明水平评价（朱启臻，2017；刘子飞，2013）；中观层面，主要研究村落的生态文明建设现状及存在的问题、生态发展的模式等（张勇，2008；廖婧，2015）；微观层面，从居民主体出发，研究村落居民参与传统村落保护的意愿（林丽希，2018；张静莹，张超，2019；安显楼，2020）。然而，他们并没有系统回答如何提高传统村落生态文明建设的问题，也没有解释传统村落生态文明建设的关键因素是什么。基于学者提出村民参与对村落生态文明建设具有重要作用（赵金芬，2014），本书以传统村落居民为研究对象，研究传统村落生态文明建设水平评价体系，推论生态文明形成与发展，为传统村落生态文明建设提供有效途径。

贵州地处中国西南地区云贵高原，地形以喀斯特地貌为主。早在新石器时代就有人类在这里繁衍生息，是中原文化、巴蜀文化、滇文化、荆楚文化等交融形成的丰富多样的文化集聚区。由于贵州省的地形特征，让数量众多的民族村落得以保存。在住房和城乡建设部公布的五批共计 6819 个传统村落名单中，贵州省共有 724 个村落被列入国家传统村落名录，居全国首位（2021）。同时，贵州省地处中国西南部，位于长江与珠江两大水系的上游交江地带，是我国长江与珠江上游主要的生态安全保护屏障。但贵州省又是生态环境比较脆弱的地区，石漠化和水土流失面积逐渐扩大、森林资源质量不高、自然灾害频发等生态问题，导致贵州省的生态文明建设面临着极大的困难（史巍娜，2016）。贵州大学李波从贵州省民族地区生态文明建设现状、生态文明建设存在的问题两个方面出发，总结归纳出贵州省民族地区生态文明建设的策略（2010）。以"传统村落生态文明建设"为关键词，截至2022 年 7 月 14 日在中国知网数据库搜索到 43 篇期刊论文，15 篇学位论文，10 篇会议论文，可以看出，中国关于传统村落生态文明建设的研究还处在初步发展阶段。现将国内相关学者针对传统村落生态文明建设的主要研究成果整理如下（表 1-4）。

表 1-4　国内相关学者针对传统村落生态文明建设的研究成果汇总

成果名称	作者，年份（年）	内容概要
《当代中国农村的生态文明建设探析》	朱国庆，2014	阐述了我国农村生态文明建设存在的困难，并提出生态文明建设的建议
《福建农村生态文明监测体系构建及测评》	吴红军，等，2011	构建了农村生态文明监测体系并进行实证研究
《贵州民族地区生态文明建设的理论与实践探索》	李波，2010	分析了贵州民族地区生态文明建设存在的困难和建设建议
《基于灰色关联模型的江苏省农村生态文明建设水平研究》	李昌新，等，2017	建立基于 PSR 模型的农村生态文明建设水平评价指标体系，采用灰色关联模型诊断江苏省农村生态文明建设水平
《基于战略视角的农村生态文明建设探析》	赵美玲，等，2013	阐述农村生态文明的内涵和地位
《基于主成分法的我国农村生态文明建设水平评价研究》	李锟，2019	采用主成分法进行农村生态文明建设水平的评价
《论和谐社会视野下农村生态文明建设》	伍韧，2009	论述农村生态文明建设的内容

成果名称	作者，年份（年）	内容概要
《农村生态文明建设的评价指标体系构建研究》	赵明霞，等，2015	明确生态文明建设的内涵，从经济、社会、政治、文化和环境这五个方面构建农村生态文明指标体系框架
《农业发展与生态文明建设》	朱立志，2013	论述农业发展与生态文明建设的关系
《生态文明建设中不同行为主体的目标指标体系构建》	倪珊，等，2013	以不同生态文明建设主体为对象，构建指标体系
《生态文明视域下贵州省非物质文化遗产分级法律保护探析》	魏红，2015	运用公法与私法双重保障机制，并在此基础上建立与之配套的相关管理机制
《我国新农村生态文明建设中的几个问题》	杜受祜，等，2009	探讨建设新农村和农村生态文明建设

1.3.3　国内生态文明评价研究概况

国家把经济建设、政治建设、文化建设、社会建设、生态文明建设作为中国特色社会主义事业"五位一体"的总布局（王佳佳，2014），可以看出生态文明建设的地位和重要性。截至 2022 年 7 月 14 日，以"生态文明评价"为关键词，在中国知网数据库搜索到 1039 篇期刊论文、304 篇学位论文和 71 篇会议论文，可以看出目前中国关于生态文明建设的研究处于快速发展阶段，不同学科专业背景的学者对生态文明水平评价做了大量的研究，取得了一定的研究成果。但是大部分都是研究省域层面、市域层面、区域层面、城市中心等大尺度空间范围的生态文明水平评价，以乡村为研究对象，研究微观层面的生态文明建设水平的研究成果不是很多，目前正处于起步阶段。严耕发表了中国首份综合性省级生态文明建设评价报告，标志着"生态文明建设进入定量化时代"（2009）。他对生态文明建设评价指标 4 个核心二级指标（生态活力、环境质量、社会发展、协调程度）、20 个三级指标进行了评价，并评价了2008～2009年全国各省生态文明建设水平。曹蕾从社会、经济、环境、生态四个方面入手，构建了区域生态文明建设水平评价的指标体系模型，运用分析计量模型，从时间、空间和静态、动态两个不同的层面，对区域生态文明建设评价展开深入研究（2014）。单晓娅构建了贵州少数民族地区生态文明建设水平评价体系，运用改良后的熵值法确定指标权重，探讨贵州少数民族地区生态文明发展模式的特征。该评价体系包括5个二级指标（生态环境、生态经济、生态社会、协调程度、生态文化）、29个测量指标（2016）。黄晓园以云南中部地区的城市为研究对象，从生态文明建设的发展水平、系统协调性、发展绩效和资源环境效应4个维度进行系统性评价与分析；采用趋势外推法对地区城市未来发展趋势进行预测；最后，针对资源环境约束问题，提出多种方案设计和情景模拟（2013）。成金华构建了矿区生态文明建设水平的评价指标体系，评价体系由5个二级指标（资源利用系统、环境保护系统、生态经济系统、社会发展系统、绿色保障系统）、36个测量指标构成（2013）。国内不同层面生态文明建设水平评价的研究成果总结如表1–5所示。

表 1–5　国内相关学者对不同层面生态文明建设水平评价的研究成果汇总

成果名称	作者，年份（年）	内容概要
《福建农村生态文明监测体系构建及测评》	吴红军，2011	构建了农村生态文明监测体系并进行实证研究
《贵州省黔东南州生态文明建设浅析：以雷山县为例》	贺祥，2008	探讨了贵州省黔东南州雷山县生态文明建设的问题，并提出建议
《贵州省生态文明建设评价及发展对策研究》	王南，2018	构建了贵州省生态文明建设的评价指标体系，并进行了实证研究
《贵州省生态文明建设体制机制创新及对策建议》	史巍娜，2016	提出贵州省生态文明建设的首要任务及生态文明建设体制机制的新路径
《国家重点生态功能区生态文明建设评价：以贵州省荔波县为例》	陈全，2016	构建了贵州省荔波县生态文明建设水平的评价体系，并进行了实证研究

成果名称	作者，年份（年）	内容概要
《基于灰色关联模型的江苏省农村生态文明建设水平研究》	李昌新，2017	建立基于 PSR 模型的农村生态文明建设水平评价指标体系，采用灰色关联模型诊断江苏省农村生态文明建设水平
《基于文明生态化的生态文明评价指标体系研究》	王会，2012	基于生态文明内涵得出生态文明评价指标体系的基本框架
《基于主成分法的我国农村生态文明建设水平评价研究》	李锟，2019	采用主成分法进行农村生态文明建设水平的评价
《农村生态文明建设的评价指标体系构建研究》	赵明霞，2015	明确生态文明建设的内涵，从经济、社会、政治、文化和环境五个方面构建农村生态文明指标体系框架
《少数民族地区生态文明建设评价指标体系构建：以云南省为例》	杨红娟，2015	构建云南省少数民族地区生态文明建设评价指标体系
《生态文明建设中不同行为主体的目标指标体系构建》	倪珊，2013	以不同生态文明建设主体为对象，构建指标体系
《2009 年各省生态文明建设评价快报》	严耕，2009	构建全国 31 个省生态文明建设水平评价体系，并进行实证研究
《生态文明建设评价指标体系研究》	杜宇，2009	构建从自然、经济、社会、政治、文化 5 个角度设计出包含 34 个指标的生态文明建设评价指标体系
《贵州少数民族地区生态文明发展现状评价与特征研究》	单晓娅，2016	构建贵州省少数民族地区生态文明建设水平评价体系，并进行实证研究
《矿区生态文明评价指标体系研究》	成金华，2013	构建矿区生态文明建设水平评价指标体系
《中国省域生态文明建设评价研究》	魏晓双，2013	运用主成分分析法及层次分析法等筛选确立中国省域生态文明建设评价指标，构建了中国省域生态文明建设评价指标体系

成果名称	作者，年份（年）	内容概要
《中国省域生态文明评价指标体系构建与实证研究》	王然，2016	构建中国省域生态文明建设评价指标体系
《中国生态文明建设评价指标体系构建与发展策略研究》	彭一然，2016	构建包含"总指数—子系统—分项指标—基础指标"的中国省级层面生态文明建设评价框架
《县域生态文明建设评价指标体系构建技术研究——以石家庄市为例》	赵好战，2014	构建了石家庄市县域生态文明指标体系
《我国城市生态文明建设评价指标体系研究：以武汉市为例》	许力飞，2014	构建了武汉市生态文明建设水平评价指标体系并进行实证研究

目前，针对中国生态文明水平影响因素的研究还处于起步阶段。杨志华于 2018 年开始组织专家学者对我国生态文明建设展开量化评价和分析研究，构建出中国第一个综合性的中国省域生态文明建设评价指标体系。该体系包括生态活力、环境质量、社会发展、协调程度、转移贡献 5 项二级指标，以及森林覆盖率、环境空气质量、人均 GDP、单位 GDP 能耗、煤油气能源自给率等 25 项三级指标，结论为各省的协调发展能力和社会发展水平对生态文明建设起到巨大的促进作用。张董敏构建的以农户为评价主体的农村生态文明水平评价体系，建立了以农村生态文明水平为因变量，生态产业、生态人居、生态文化、能力 4 个指标为一级指标，生态农业、生态村庄等 9 个二级指标，居民生态文明意识等 34 个具体指标的评价体系进行实证研究（张董敏，2016）。但是目前还没有针对贵州省传统村落生态文明水平评价的报道。研究贵州省传统村落生态文明水平评价及影响因素，有利于贵州省传统村落生态文明的建设。

1.3.4　国内农村生态文明建设意愿的相关研究

村落生态文明建设包括村民的生活方式、思维方式、生态意识等内容建设，村民作为生态文明建设的主体之一，其参与传统村落生态文明建设的意愿直接关系到村落生态文明建设的成败（赵金芬，2014；张静，2016；

倪珊，2013）。林丽希通过定性与定量研究方法，研究宁德市蕉城区公众参与传统村落保护意愿及其影响因素发现，年龄、文化程度、收入、职业、是否居住在城区乡镇这些人口统计特征对公众参与意愿产生显著的影响；人口统计特征、传统村落保护问题认知程度、公众行为态度同公众参与传统村落保护意愿具有显著关联；公众认为传统村落是否有保护价值是影响公众参与传统村落保护意愿的主要因素；居住年限越久、对传统村落保护的了解程度越高、认为传统村落保护越有价值、认为传统村落保护得越好，则对公众参与传统村落保护的意愿影响越大。白永亮采用定量研究方法，以湖北省 5 个国家级水生态文明城市及居民作为样本，从环境、制度、认知 3 个层面划分居民对生态文明建设参与的影响因素，得出居民对水生态文明的认知是居民是否参与水生态文明建设的主要影响因素（白永亮，2019）。晁昊拓等人运用相关分析和回归分析，对浙江省安吉县农村居民参与安吉县生态文明建设的意愿与形式进行调查，结果表明，对政策了解程度越高、对生态文明建设相关宣传的了解程度越高、受教育程度较高（初高中、中专及本科学历）、长期居住在当地的居民更加倾向于参与生态文明建设（晁昊拓，等，2018）。但是上述研究的不足之处在于，中国的传统村落主要集中在贵州省、云南省和湖南省等中西部地区，目前还没有以传统村落比较集中的地区为样本研究这些地区传统村落的生态文明建设的报道。

六盘水大部分为少数民族聚集的传统村落，因此研究六盘水市传统村落村民参与传统村落生态文明建设的意愿及影响因素对传统村落生态文明的建设具有重要价值。

1.4 研究方法与研究内容

1.4.1 研究内容

本文以六盘水市传统村落为研究对象，主要研究以下内容：
①通过团队实地调研统计分析六盘水地区传统村落现存的问题。
②基于六盘水地区传统村落存在的现状，分析存在的原因。
③基于传统村落的村民为研究主题，构建村民参与传统村落生态文明建

设意愿的模型，探究六盘水市传统村落居民参与当地村落生态文明建设意愿的影响因素。

④基于传统村落的村民为研究主题，构建六盘水市传统村落生态文明水平建设评价体系，探究六盘水市传统村落的生态文明建设的质量水平。

⑤基于前面的理论分析，从六盘水地区的地理和人文环境特色出发，通过打造生态建筑、发展生态经济、优化生态管理、完善生态人居、弘扬生态文化等策略，提出六盘水传统村落保护与发展的生态路径。

1.4.2 研究方法

（1）文献研究法

文献研究法作为从事科学研究人员非常重要和必须要掌握的一种研究手段，是指研究者通过查阅书籍、影像、札记、期刊、学位论文等与研究相关的文献资料，获取与本课题相关的理论知识、实验方法、研究结果等内容。本课题主要通过学校图书馆提供的纸质版书籍和中国知网数据库等网络资源查询关于传统村落相关的研究著作、学位论文、期刊等研究成果。逐一查询与传统村落起源与发展的背景介绍、传统村落的价值评价、传统村落的保护与利用等方面的成果。

（2）实地调研法

实地调研法包括与当地村民的访谈，实地测量、拍照、摄影等具体方法。项目团队成员在 2019~2022 年，先后多次对六盘水市入选国家级"传统村落"的 10 个古村落进行实地考察，针对不同的调研目的和所需获取的信息，采用不同的调研手段，详细记录第一手原始资料，为后期的信息整理、分析奠定坚实的基础。

（3）归纳总结法

归纳总结法就是对一定阶段内的有关情况进行分析研究，然后得出有指导性的经验方法以及结论。通过将六盘水市传统村落按照功能、村落格局等要素分类，对调研资料进行归纳与整理，获得六盘水市传统村落存在的主要问题。

（4）定性研究法

定性研究也被称为质性研究（Qualitative），是以研究者本人为研究工具，在自然情境的条件下，采用多种资料收集方法（访谈、观察、实物分析），对研究对象进行深入的整体性探究，通过与研究对象互动，对其行为和意义建构获得解释性理解的一种活动。通过实地深入考察、与当地居民深入交谈等研究手段，分析六盘水市传统村落在传统建筑、生态环境、居民生产生活方式等方面的内容。它不要求进行具有数据统计方面的工作，但是需要研究者花费大量的时间进行深入调研，是一种将简单问题复杂化的研究方法。

（5）定量研究法

定量研究也被称为量化研究（Quantitative），是一种运用调查、实验、测量、统计等数量化的方法来收集和分析研究资料，从而判断现象的性质，发现内在规律，检验某种假设理论的研究方法。是将社会问题数量化，运用数学符号去研究社会事物的发展变化规律的研究方法，也是一种将复杂问题简单化的研究手段，目前被广泛运用于社会科学研究的各个方面。本项目定量研究方法主要是通过向当地居民发放问卷，向居民了解当地村民参与传统村落的保护意愿，当地居民对居住的传统村落的生态文明水平评价等内容。问卷调查法是目前比较常见、运用比较广泛的定量研究方法。

（6）数据统计分析法

通过运用数据统计分析软件 SPSS，对调查问卷的内容进行描述性统计分析、信度效度分析；运用 AMOS 软件对当地村民参与生态文明建设意愿的各项因素进行分析，了解自变量、中间变量、因变量之间的相关性，以便为村落的生态文明建设提供有效的路径和方法。

1.5 研究思路与研究技术路线

本文采用构建理论模型与实证研究相结合的研究方法，按照"提出问题—分析问题—解决问题"的逻辑关系，通过对六盘水市传统村落在现阶段生态文明建设过程中的现状和存在的主要问题的梳理，总结相关经验，探究六盘水市传统村落目前保护与利用的策略，并通过实证研究进行验证。最后选取六盘水市传统村落中的若干个村落进行详细地规划设计，为村落的保护与利用提供了一定的参考。

技术路线如图 1-6 所示。

绪论

提出问题

研究背景　研究意义　研究综述　研究方法　研究技术

概念界定

传统村落相关概念　　　　　　生态文明相关概念

分析问题

传统村落的概念　传统村落的价值　传统村落的分类　传统村落与生态文明的关系　生态文明的内涵　生态文明的特征　生态文明的目标

六盘水市传统村落生态文明建设的分析

村民参与村落生态文明建设的意愿　村落生态文明建设水平评价　村落生态文明建设的现状　村落生态文明建设存在的问题

生态文明视角下六盘水市传统村落保护与开发

解决问题

村落生态格局　村落生态景观　村落生态产业　村落生态农业　村落生态管理　村落生态文化

案例研究——生态文明视角下××传统村落的保护

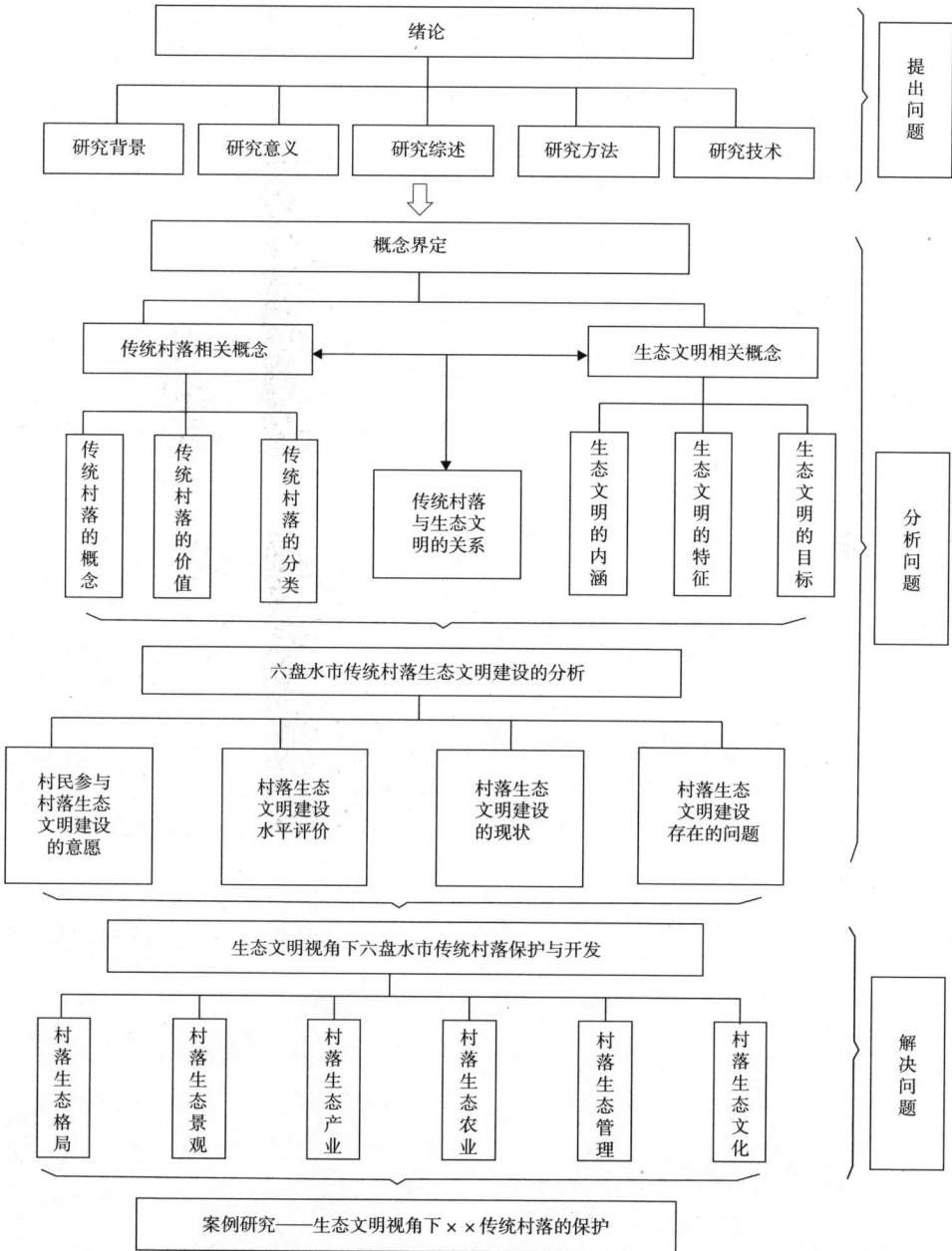

图 1-6　研究技术路线

第 2 章　概念界定与相关理论

2.1　传统村落的相关概念

2.1.1　村落的演变

在原始社会的漫长岁月中，人类依靠狩猎和采集野果维持日常，没有固定的居住点，为了躲避野兽、防寒避风，人类主要采用的是穴居、巢居等方式。这种原始的居住方式一直持续到了中石器时代，随着生产力的进一步提升，农业逐渐产生，便产生了人类历史上的第一次劳动分工，农业与畜牧业分开，开始逐渐形成一些以农业为依托固定居民点，这就是最初的原始村落（图 2-1）。

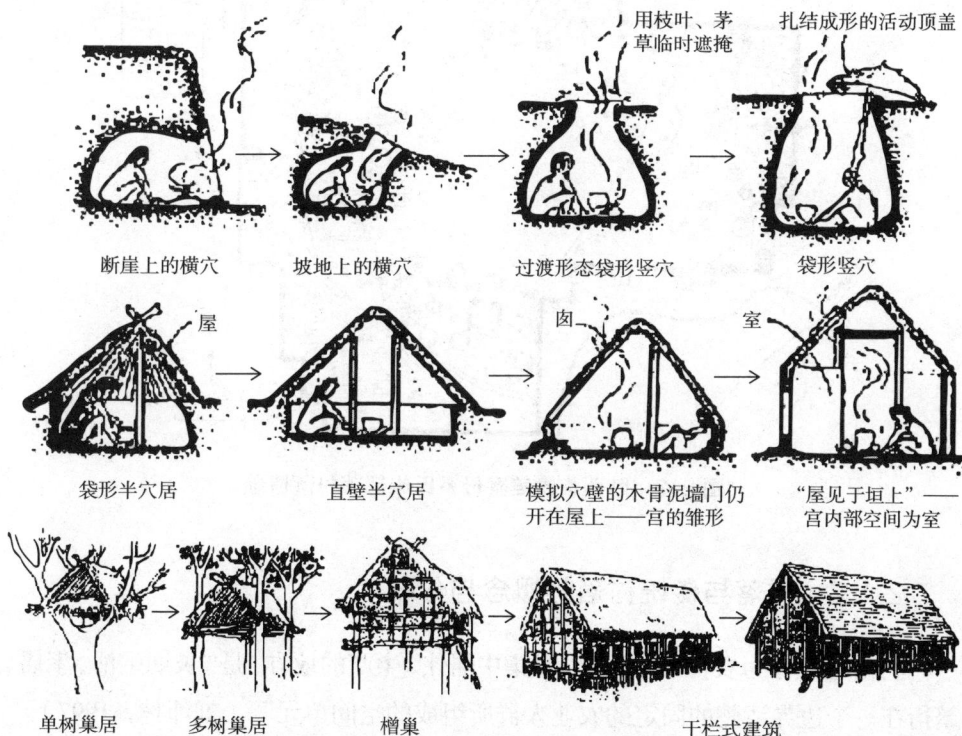

图 2-1　原始居民的居住方式

随着氏族部落的形成，聚落聚族而居的固定居民点随之产生，目前发现比较早的村落遗址有山东日照两城镇遗址（龙山文化）、陕西夏县阴村遗址、内蒙古赤峰东八家石城遗址等。这些原始村落大多选择在地势较高、土壤肥沃的地区，一般位于向阳坡，靠近水源，已经形成了包括居住区、墓葬区、制陶场等简单的功能分区。陕西临潼姜寨母系氏族部落村落遗址面积5.5万平方米，有明显的分区，居住区为主体，其外围有壕沟围护，在壕沟外的东部及东北部为墓葬区，西南临河河岸为陶窑区。整个村落又可以分为5个小组，东、西、南三方各为一个小组，西北方有两组，围绕一个一千四百多平方米的中央广场布置，房屋的门均朝向中央广场，呈中心布局。房屋所在的周围地势较高，中央广场的地势较低（图2-2）。

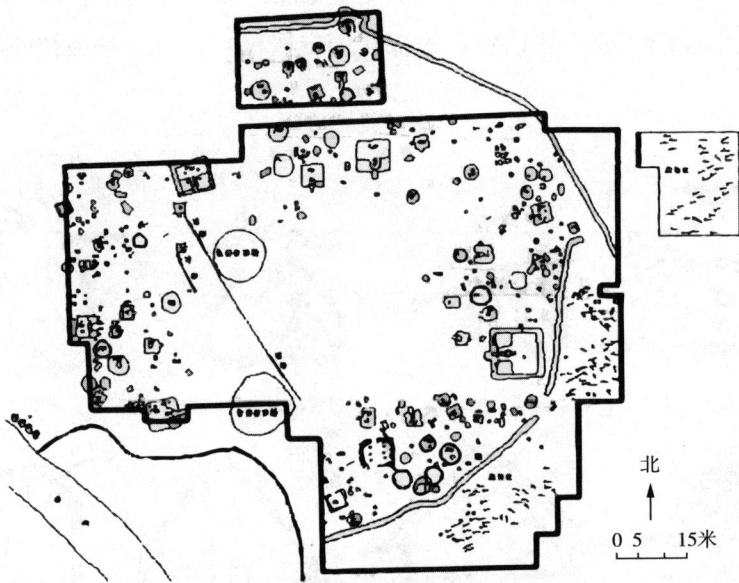

图2-2　陕西临潼姜寨母系氏族部落村落遗址

2.1.2　村落与传统村落的概念与分布

村落也被称为农村聚落，是农民集中居住、生产的地方，是"长期生活、聚居、繁衍在一个边界清楚的固定的农业人群所组成的空间单元"（刘沛林，1997）。在中国，村落的起源与发展有着悠久的历史。伴随着农业的发展，人类的生存方式逐渐从采集狩猎方式过渡到农耕畜牧方式，人类从"居无定所"的生活方式走向定居生活。考古发现，1万年以前，中国的广西百色盆地、重庆长江沿岸、河南西峡、河北泥河湾盆地等地域就有明显的聚落现象（胡彬彬，2019）。

以前，国家并没有对传统村落有明确的定义范畴，主要是指一些存在历史比较悠久，承载着丰富的历史文化遗产，村民的生产生活依然保留着原汁原味的方式，没有受到现代化进程严重影响，具有良好研究价值意义的村落。但随着国家对古村落越来越重视，为了方便学者和专家更好地开展对传统村落的鉴定、评选及开发保护工作，中华人民共和国国务院于 2012 年 4 月 16 日在《关于开展传统村落调查的通知》文件中，正式明确了传统村落的正式概念：传统村落是指村落形成较早，拥有较丰富的传统资源，具有一定历史、文化、科学、艺术、社会、经济价值，应予以保护的村落［住房城乡建设部　文化和旅游部　国家文物局　财政部关于开展传统村落调查的通知（建村〔2012〕58 号）］。可以看出，传统村落拥有悠久的历史、完整的建筑风貌、良好的村落格局、丰富的物质文化遗产和非物质文化遗产等特点。

我国幅员辽阔，南北东西地域差异明显，不同的地理环境、不同的历史文化、社会背景，自然而然形成了形式多种多样、地域特色浓厚鲜明的传统村落。2012～2018 年，由中国住房城乡建设部、文化部、国家文物局、财政部（以下简称"四部门"）共组织开展 5 次传统村落调查与评选工作，在 7 年时间里共有 6819 个村落入选中国传统村落名单（窦银娣，2020）（图 2-3）。

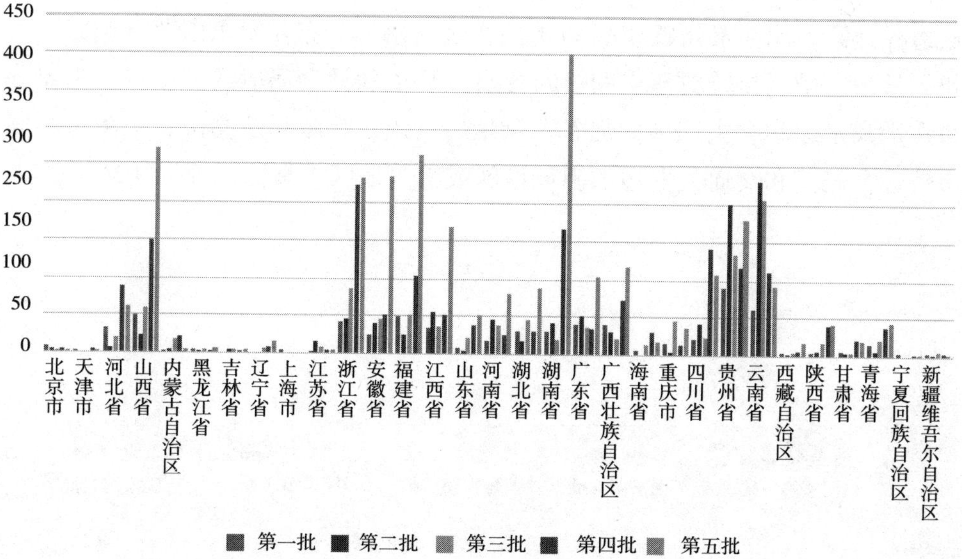

图 2-3　各省市、自治区入选传统村落的数量对比

从图 2-3 与图 2-4 可以看出，中国传统村落省份之间的数量分布差距比较明显，其主要分布在中国的西南地区（主要是贵州省、云南省、四川省）、中东部地区（主要包括浙江省、安徽省、福建省、湖南省、江西省）和西北地区（主要包括山西省与河北省）。其中山西省、浙江省、江西省、福建省、湖南省在第四批、第五批获批的国家级传统村落中的数量较多；而贵州省与云南省从第一批到第五批获批国家级传统村落的数量比较均匀，总体数量相对较多。根据统计数据得出，获批国家级传统村落数量最多的省份为云南省、贵州省、湖南省、浙江省、山西省 5 个省份，数量分别为 684 个、656 个、635 个、675 个、587 个。

李江苏等学者以中国传统村落为研究对象，采用核密度方法识别核心和次核心；构建"格网分析—空间自相关—地理加权回归"的影响因素研究方法进行实践研究。结果表明，中国传统村落主要分布在"胡焕庸线"以东、第二和第三级阶梯、年均降水量 400 毫米以上的区域、亚热带季风气候区和温带季风气候区（李江苏，等，2020）。高楠等学者运用地理信息系统（GIS）空间分析技术和方法，对中国传统村落的空间分布特征进行实证研究。结果表明，首先，中国传统村落在分布空间上表现出"核心－边缘型"分布特征，形成了四大集聚片区（浙闽赣皖、黔湘桂渝、晋冀豫、滇西北）；其次，中国传统村落在各省及市、县空间分布上具有较强的不均衡性，主要分布在省域边界地区，比如贵州省 80% 以上的传统村落都分布在黔东南苗族侗族自治州；最后，中国传统村落空间分布受自然环境和社会环境共同影响，主要分布在远离平原粮食主产区的河谷、盆地、低山、丘陵和中高山，距离中心城市较远，经济和交通欠发达的阳坡地区或沿河地区（高楠，等，2020）。

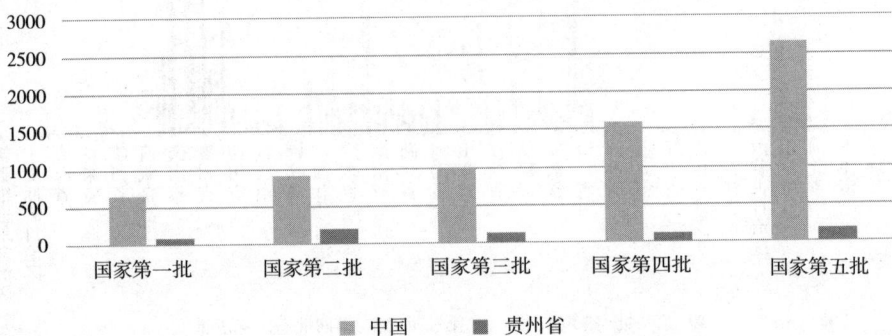

图 2-4　全国和贵州省入选传统村落的数量对比

2.2　传统村落的价值

传统村落是重要的固定居民点，是中国乡村社会的历史缩影，隐藏着丰富的中国农耕文化，体现出劳动人民的生存智慧，是中国优秀传统文化的重要载体，有着中华民族深刻的历史烙印，是重要的物质文化遗产和非物质文化遗产，具有较高的研究价值。中国农业大学农民问题研究所所长朱启臻老师把中国传统村落的价值总结归纳为 5 个方面（朱启臻，2017）：

①生产价值。传统村落不仅包括以农业生产为主的第一产业，还包括手工业、乡村旅游业等第二、第三产业，是实现产业融合发展的良好平台。传统村落所生产的农业产品不仅能够满足当地居民的生活需求，还能够将剩余的农副产品供给到外地，对保持农产品供给稳定有着重要的作用。

②生态价值。传统村落是当地居民在长期的生存中尊重自然、顺应自然和巧妙利用自然的典型杰作。相对于现代大城市的生态脆弱性和敏感性，传统村落是一个复合、相对稳定的生态系统。传统村落的生态系统包括自然生态系统、经济生态系统、社会生态系统，三者以村落地域空间为载体，将村落的自然生态环境、经济环境和社会环境通过物质流、能量流、信息流进行交换，形成一个相对稳定的平衡系统。所以，传统村落在保持生态平衡、维持生态稳定方面具有巨大的价值。

③生活价值。以家庭为基本单元的传统村落不仅是基本的生产单位，也是基本的消费单位、交往单位。相对于快节奏的大城市生活，城市居民长期处于高强度的工作、亚健康的生理心理状态下，在传统村落中，当地村民以低碳、慢生活的理念打造一种积极、健康、和谐、文明的生活方式，这种生活方式能够给城市居民提供一种不同的生活思路，引导他们在工作和生活中找到平衡点，提高生活品质，从而形成更健康的生活状态。

④文化价值。传统村落的农耕文化在食品保障、原料供给、生态保护、观光休闲等方面发挥着重要的作用，同时也饱含着丰富的家族文化（家训、家风、家规）。这些都是我们传统文化的重要组成部分。

⑤教化价值。传统村落的教化价值主要通过以农业劳动、生活方式、人际交往、丧白喜事、各种节日、场所空间等主要载体，对村民起到潜移默化的教化作用。教化居民爱护生态环境、邻里和睦相处，上述手段对居民的教

化效果要远远好于单纯的说教宣传。

笔者根据相关文献，把传统村落的价值概括为以下 4 个方面：

①历史文化价值。中国传统村落始建的时间较为久远，一般可以追溯到明清甚至更早的朝代，传统村落见证了各个封建朝代的更替，随着乡土文化的创新与延续。居住在传统村落里面的世代居民，保存着中国传统的生产、生活方式，延续着传统的社会人群关系准则，这些都反映出独具特色的地方本土文化。伴随着传统村落传承下来的乡民居住文化、农耕文化、饮食文化、社交礼仪文化、服饰文化、民风民俗文化、宗族文化、民间戏曲音乐文化、图腾文化等具有中国传统特色的物质文化遗产和非物质文化遗产，具有较高的历史文化价值，是研究中国乡土社会文化的历史材料。

②科学艺术价值。中国传统村落蕴藏着丰富的科学艺术价值。主要体现在传统村落的选址、村落的空间布局、乡土建筑的营造特点、村落生态景观等方面。传统村落的选址布局与空间营造受到中国风水学的极大影响。村落选址大多依山就势，讲究背山面水，坐北朝南，与地理环境巧妙结合。背靠大山既能很好地抵御外敌，面对河流又可以满足日常的用水需求，同时免受洪水的侵袭。这种选址要求也与中国古代城建制度"凡立国都，非于大山之下，必于广川之上。高勿近旱而水用足，下勿近水而沟防省。因天材，就地利，故城郭不必中规矩，道路不必中准绳。"相符。传统村落的乡土建筑技术也体现着我国古代人民高超的建筑建造技术，数量众多的村落居民建筑，在功能上要满足居民日常生活起居、家畜圈养、粮食储藏、家族商量议事等基本要求，还要与周边的自然地理环境完美融合，体现中国"天人合一""人与自然和谐相处"的世界观、价值观。作为传统村落中体量较大、地位最高的村落公共建筑，无论从建筑建造技术、建筑装饰工艺、绘画等方面都体现着高超的艺术水平。比如贵州省具有少数民族特色的鼓楼、风雨桥等公共建筑，不仅能够为当地居民商量议事、休憩娱乐、商品买卖交易提供绝佳的场所，其建筑本身也代表着当地民族的文化特色，是居民的精神寄托，具有极高的科学艺术价值。

③生态与景观价值。我国的传统村落大多位于自然环境条件较好的地区，背靠大山、面对大河，自然植被较为多样，有着丰富的植物资源和良好的水利条件。由于受中国"人与自然和谐相处"价值观的影响，村落当地居民一般不会乱砍滥伐，都具有保护生态环境的意愿，所以在中国传统村落里面经常可以看见成活了上百年的古树。有些古树能够为村民提供一定量的食物或

者其根、茎、叶、花、果实可以入药；有些古树被村民当作神明祭拜，祈求风调雨顺，家人平安，被称为"神树"，村民甚至还为此立了"村规"；有些古树由于体量极大，已经和村落完美地融合在一起，可以在炎炎烈日为村民遮挡阳光，为村民提供一个交流休憩的户外公共空间场所，极大地提升了村落的生态环境质量。比如，贵州省盘州市石桥镇的妥乐村拥有 1000 多棵古老的银杏树，被称为"世界活化石基地，中国古银杏之乡"（王璐，等，2015），这些数量众多、古老的银杏树不仅为村民提供了可入药的银杏果，也是村落的神树，与村民和谐共处。

④经济旅游价值。进入 21 世纪，在建设"美丽乡村"的国家大方针政策的背景下，推进乡村振兴建设是继国家打赢脱贫攻坚战后的又一项伟大工程。具有悠久的历史文化价值、科学艺术价值和生态景观价值的传统村落必然会成为乡村旅游的一个非常重要的组成部分。相对于喧嚣拥挤的城市景观而言，传统村落具有悠久的历史文化底蕴、舒适缓慢的生活节奏、秀丽宜人的自然风光、独具特色的乡土建筑，必然能够吸引大量长期居住在城市里面的居民，这些都是打造特色乡村文化旅游的优势条件，能够为当地居民创造可观的经济收入，带动传统村落的可持续发展。

2.3　六盘水市传统村落的分类

按照不同的分类方式，我们可以将传统村落分为不同的类型。

2.3.1　按照地域空间划分

冯淑华在《传统村落文化生态空间演化论》一文中，将中国的传统村落分为以下 9 个大类：

①北方传统村落是指山西、河北、北京等地的村落。

②西北传统村落是指陕西、新疆、内蒙古等地区的村落。

③西藏传统村落是指江孜、盐井等地区的村落。

④川渝传统村落主要指位于四川、重庆等地区少数民族、汉族的村落。

⑤滇桂传统村落主要是指云南、广西地区的少数民族村落。

⑥湘黔传统村落主要指湖南边远山区少数民族地区、贵州移民和少数民族村落。

⑦闽粤传统村落是指福建、广东的传统村落。

⑧皖赣传统村落是指以安徽、江西的徽派、赣派为代表的村落。

⑨江南水乡传统村落是指浙江、江苏等地区的村落。

2.3.2 依据村落主体、产业、空间划分

陶慧等人（2019）基于村落主体、村落产业与村落空间演变，采用横向对比的研究方法，将传统村落划分为以下几类：

①空心型：主要特征为村落人口流失，年轻人大部分已经迁出，只剩下老人和留守儿童；村落耕地大量闲置弃耕；农业产业荒废；村落传统文化快速消失。

②内卷型：主要特征为村民保持原有的生产生活方式，满足自给自足的小农经济，整个村落保存完整，没有受到大面积破坏。

③融合型：主要特征为该类村落受到城乡发展的影响，村落传统的生产生活方式发生改变，农村产业逐渐调整。

④外延型：主要特征为村落传统文化受到很多关注与保护，成为该村落的核心资源，能够吸引外来投资。

⑤绅士型：主要特征为受城市文化影响大，村落的人口结构发生很大变化，越来越多的外来旅游者、文人、画家或退休人员融入村落生活，改变了村落原有的生活生产方式，能够带动村落的经济发展。

2.3.3 按照村落空间演变来划分

叶茂盛等人（2018）运用聚类分析方法对传统村落的空间平面特征进行研究，将传统村落分为以下几类：

①"团状集中型"传统村落：该类村落一般地势比较平坦，建筑相对集中，具有很好的向心聚合力。

②"带状密集型"传统村落：该类村落受到地形地势的限制，村落空间分布呈长条带状。

③"有辐射倾向的密集型"传统村落。

④"呈现辐射分散形态"传统村落：该类村落依托场地的山水地形环境，其空间的发展与建设围绕着自然山水格局。

2.4　生态文明相关理论

2.4.1　生态文明的内涵

"生态"一词来源于古希腊文"oikos"，是指生物体与其他生物体和非生物体（环境）之间的关系。生态学是指研究生物体与其他生物体和非生物体之间关系的学科。生态学是一个包含范围很广的学科，根据不同的分类方法，可以分为不同的生态学科。比如根据研究的生物类别不同，可以分为微生物生态学、植物生态学、动物生态学、人类生态学；人类生态学就是指研究人与人之间、人与自然环境、社会环境、政治环境、经济环境、文化环境之间关系的学科。

文明"civilization"一词来源于拉丁文"civilis"，表示市民的、公共事务的或者文明礼貌的，后来指人类发展的程度，体现着一个国家、一个社会、一个民族的文化发展水平和整体面貌，是人类社会进步的标志。英国历史学家汤因比提出文明是"具有一定时间和空间联系的人群，一般包括数个同样类型的国家，它是一个由政治、经济和文化构成的有机整体"（陈玉霞，2005）。美国政治学家亨廷顿认为"文明是一种文化实体，村落、地区、种族集团、国籍、宗教群体都在文化差异的不同层面有着独特的文化。文明由语言、历史、宗教、习俗和制度等客观因素以及人们主观上的自我认同这两个方面的因素共同界定"（塞缪尔·亨廷顿，1994）。

目前"生态文明"的概念还没有统一，不同的学者从不同的角度出发，总结归纳了"生态文明"的不同概念。王如松认为生态文明是天人关系的文明，表现为资源节约、环境友好、体制合理、公众参与等方面的一种和谐状态（王如松，2013）；姜春云认为生态文明应该是知识经济、生态经济和人力资源经济融合形成的整体性文明，它是目前人类社会走可持续发展的唯一道路（姜春云，2012）；严耕认为生态文明是自然与文明共赢的文明，其内涵应包括转变思想观念，健全政策法规，发展生态经济，改善民生，最终实现经济、社会、环境、生态、资源的和谐，实现可持续发展（严耕，2013）。综合不同学者的观点，我们可以从两个维度对生态文明的概念进行归纳。从历史性视角出发，生态文明是人类历史发展的必然阶段，是继农业文明、工业文明之后的更高级的发展阶段。它涉及政治、经济、文化、社会等各个方面，生态文明的建设需要全社会各部门、全体人民参与其中；从共时性角度出发，认为生态文明是与物质文明、政治文明和精神文明并列的人类文明的一个子系统，强调人类在处理与自然关系的观点、态度，主张加强生态环境建设、提高自然环境质量，改善人居条件等内容。

2.4.2　生态文明的特征

首先，生态文明的本质特征就是和谐性，包括人与人的和谐性、人与自然的和谐性、人与社会的和谐性，力求构建"人—自然—社会"三者的和谐统一。生态文明以人与人（社会、自然）和谐共生、良性循环、全面可持续发展为目标，力求建立一个资源节约型、环境友好型的社会；其次，生态文明具有循环性。生态文明力图构建一个循环的系统，就像自然系统一样，讲究物质、能量的相互交换传递与循环。在进行经济建设的同时，它需要考虑自然系统本身能够承受的环境容量，在确保自然系统能够在不断循环的基础之上再进行一定量的开发与利用。

2.4.3　农村生态文明的主要内容

根据中国农业农村部下发的《"美丽乡村"创建目标体系》和中国生态环境部构建的《国家生态文明建设示范村镇指标（试行）》，提出农村生态文明建设应至少包括四大子系统：生态产业、生态人居、生态文化、能力保障。因此，村落生态文明水平的评价应该包括上述内容。

生态产业体系包括生态企业、生态旅游、生态农业等方面（赵美玲等，2013；薛虹等，2014；朱国庆等，2014；徐娟等，2015）；生态人居包括村落面貌、村落生态环境、村落生态建筑、和谐的邻里关系（仇保兴，2008；刘省贵，2012；徐娟等，2015）；生态文化体系包括生态意识、生态文明观、乡风文明等（刘省贵，2012；薛虹等，2014；朱国庆等，2014）；能力保障体系包括公共服务体系、生态法律法制体系、生态科技等（仇保兴，2008；赵美玲等，2013；薛虹等，2014；徐娟等，2015）。在上述四大生态文明子系统中，村落的经济发展是前提条件，关系到村民生活富裕的核心问题，生态人居是村民生活品质的保证，生态文化是村落生态文明建设的载体，能力保障体系是生态文明建设的助推器。村落的生态文明建设，就是在确保村落生态环境良性循环的前提下，从村落生态产业、村容村貌、生态文化等方面进行全面的科学发展，以提高和保证村民的生活质量和生活环境，推进村落走出一条人与人、人与自然、人与社会可持续发展道路（陈焕镜，2008）。

2.4.4　传统村落与生态文明的联系

（1）传统村落蕴含着朴素的生态文明思想

传统村落的选址一般遵循中国传统"风水学"的观念，讲究"靠山面水""负阴抱阳"。比如，妥乐村选址所在谷地的东西两侧均为连绵高山，山体植被以常绿乔木林为主，既是古往今来的防卫屏障，也是妥乐村的生态屏障。村落内部地形总体呈峡谷状，西高东低，建筑坐西朝东，顺山势布局。这种村落选址不仅能够为村落提供安全的防卫，还能保证村落居民拥有充足的阳光；建筑的形式与建筑材料也体现出因地制宜、就地取材的特点。如长湾村长田组中传统建筑的建造材料就取自当地盛产的石材。无论是村落选址、建筑类型和建筑材料，都体现出当地居民与山水、自然和谐共处的生态价值观（图2-5）。

图 2-5　传统村落蕴含的生态文明思想

（2）生态文明价值与传统村落生存理念相符

生态文明提倡人与自然、人与社会和谐相处，这与中国传统村落的生存理念不谋而合。相较于普通村落，传统村落生存的时间比较久远，当地的居民已经和周边的自然环境、生存条件达成了相对稳定的动态平衡。村民的生产方式、生活方式与习惯等方面都已经非常协调。建设传统村落生态文明，村落就必须以生态产业、生态人居、生态环境、生态建筑为主要建设内容，这些是实现现代新农村建设、城乡协调发展、实现农村农业可持续发展的有效途径。

2.5　相关的理论基础与概念界定

2.5.1　系统论

"系统"一词最早出现在斯多葛派哲学家的理论著作之中，表示群、集合等含义，英文单词"system"中文翻译为有秩序、机构、组织、体制等含义。从人类原始社会开始，系统理论的思想就已经开始萌芽，中国古代思想家荀子把自然界的无机世界与有机世界联系起来，看成一个整体，为一个系统；古希腊朴素辩证法奠基人赫拉克利特在《论自然界》一书中指出："世界是包括一切的整体"；德国古典哲学奠基人康德把人类知识理解为有秩序、有层次、由一定元素组成的统一整体；黑格尔的哲学理论本身就是一个分阶段、有层次的庞大的哲学系统，这些理论都为现代系统论的出现奠定了基础（梁爽，2014）。

1937年，奥地利生物学家路·冯·贝塔朗菲提出了系统论思想，并于1945年发表《关于普通系统论》，阐述了系统理论的概念、要素、结构和主要观点。路·冯·贝塔朗菲指出，系统论是研究客观现实系统共同的特征、本质、原理和规律的科学。系统论具有整体性、动态性、等级性等特点，认为一切有机体都是一个整体，生物体各单元不可能脱离整体而存在，各部分按照一定的等级组织起来，与环境发生物质与能量的交换，从而保持动态平衡稳定（梁爽，2014；常绍舜，2011）。

根据系统论思想，村落的生态文明也是由多层次、多指标要素构成的系统。分析村落生态文明系统构成的要素、不同要素之间的关系、要素与外界环境的互相影响是厘清村落生态文明内涵与外延、评价其水平、分析其形成机理的基础。

2.5.2　计划行为理论

计划行为理论（Theory of Planned Behavior，TPB）是 1991 年由美国马萨诸塞大学阿默斯特分校 Icek Ajzen 在《计划行为理论》一文中提出的。计划行为理论由五大要素构成：行为态度、主观规范、知觉行为控制、行为意向和实际行为。计划行为理论作为社会心理学中比较著名的态度行为关系理论，其主要观点为行为意向是影响行为最直接的因素，行为意向反过来受行为态度、主观规范和知觉行为控制的影响。行为态度是指行为个体对特定行为的喜爱程度和厌恶程度，也可以理解为行为个体对某件事务的积极或者消极的反映；主观规范反映了行为个体进行行为决策所感知到的来自身边亲人朋友或者群体的压力，主要反映了社会大多数人认同的行为对个体行为决策的影响；知觉行为控制是指个体对执行某种特定行为的难易程度的认知情况，反映了个人行为能力、机会、资源等多方面因素对行为的制约作用，以及在执行某种行为的过程中对加强或减弱其行为能力因素的感知（图 2-6）。

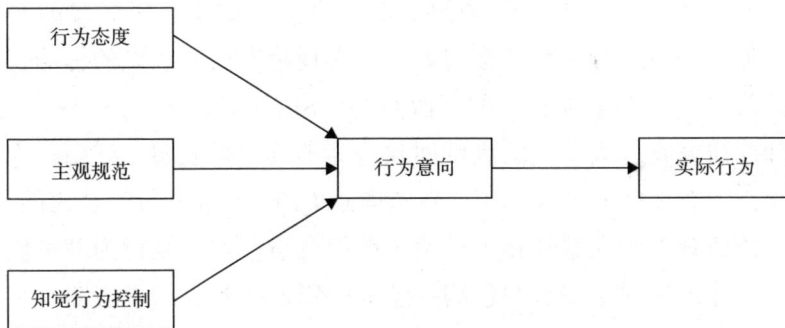

图 2-6　计划行为理论模型

计划行为理论能够很好地解释个体行为决策与内在意愿之间的关系，目前计划行为理论已经被用来解释多个学科发展中的问题，已经运用到消费、环境保护、旅游、违规、医药、意愿、行为组织等方面。李京诚（1999）基于计划行为理论得出行为控制感能够显著提高锻炼意向的预测水平。于伟（2010）对 600 余名居民进行问卷调查，结果表明环境知识不仅影响居民的环境敏感度，而且直接影响环境态度，是环境行为最重要的前置变量；环境敏感则通过外部规范压力、内在态度和行为控制感影响环境行为意图；环境价值观能直接影响居民的环境态度。张进美（2011）指出慈善捐赠行为受慈善捐赠行为意向影响显著，而慈善捐赠行为意向受知觉行为控制影响最显著。张毅祥（2013）利用计划行为理论，从心理所有权视角对员工的节能影响因素进行了研究，认为组织的心理所有权和主观规范通过影响节能态度间接影响员工节能意愿，节能态度和感知行为控制正向影响员工节能意愿。张露（2013）将计划行为理论与结构方程建模技术相结合，指出消费者对绿色产品的态度、主观规范和知觉行为控制对购买行为意向具有显著影响力；消费者的购买行为意向显著影响其消费行为；知觉行为控制通过行为意向的部分中介作用，间接影响实际行为。聂佳（2014）基于计划行为理论构建了影响林农参与行为意愿的影响因素模型，对林农参与森林碳汇交易意愿的影响因素进行了实证分析和验证，得出林区农民的态度、林区农民的主观规范、林区农民的知觉行为控制对林区农民的行为意愿影响显著。

计划行为理论在生态环境治理与保护领域也有很多研究成果。Raymond De Young（1989）对 6 个独立教育项目进行调研数据进行比较研究，发现对回收利用持强烈的支持态度的绝大多数居民都有在未来提高回收水平的计划。Joseph R. Hopper（1991）通过收集一个大型城市社区居民的实验和调查数据，证实回收行为受到社会规范、个人规范和后果意识的影响，居民受到邻居的鼓励后，会增加自己的回收行为。Shu Fai Cheung（1999）运用计划行为理论研究香港大学生的废纸回收行为，其结果表明，计划行为理论对废纸回收行为有显著的预测作用。盛光华（2019）在计划行为理论的基础上，加入生态价值观与个人感知相关性两个前因变量，对计划行为理论模型进行拓展研究，深入探讨消费者绿色购买意愿的影响机制，结果表明，生态价值观对于消费者绿色购买意愿的正向影响是通过态度与主观规范两条路径实现的。个人感知相关性对于消费者绿色购买意愿既存在直接影响也存在间接影响，其间接影响是通过态度、主观规范与感知行为控制的传导效应实现的。

综上所述，计划行为理论是认识与分析个体行为意向的主要理论，为个体行为意向的产生受哪些因素的影响提供了科学的分析工具，是目前使用较广、影响较广、比较经典的研究个体心理与行为关系的理论。

2.5.3　结构方程模型

（1）结构方程模型的概念

结构方程模型（Structural Equation Modeling，SEM）是一种建立、估计和

检验因果关系模型的方法。它可以替代多重回归、通径分析、因子分析、协方差分析等方法，清晰分析单项指标对总体的作用和单项指标间的相互关系。

（2）结构方程模型的原理

结构方程模型通常包括三个矩阵方程式：

$$x = \Lambda_x \xi + \delta \tag{2-1}$$

$$y = \Lambda_y \eta + \varepsilon \tag{2-2}$$

$$\eta = \beta\eta + \Gamma\xi + \zeta \tag{2-3}$$

其中，式（2-1）和式（2-2）为测量模型，式（2-3）为结构模型。x，y 是测量指标；δ，ε 是 x、y 测量上的误差；Λ_x 是 x 指标与 ξ 潜伏变项的关系；Λ_y 是 y 指标与 η 潜伏变项的关系；η 为因变量的潜变量；ξ 为自变量的潜变项；β 为因变量潜与变量间的关系；Γ 为自变量对因变量的影响；ζ 为模式内所包含的变项及变项间关系所未能解释部分。

（3）结构方程模型的路径图

结构方程模型路径如图 2-7 所示。

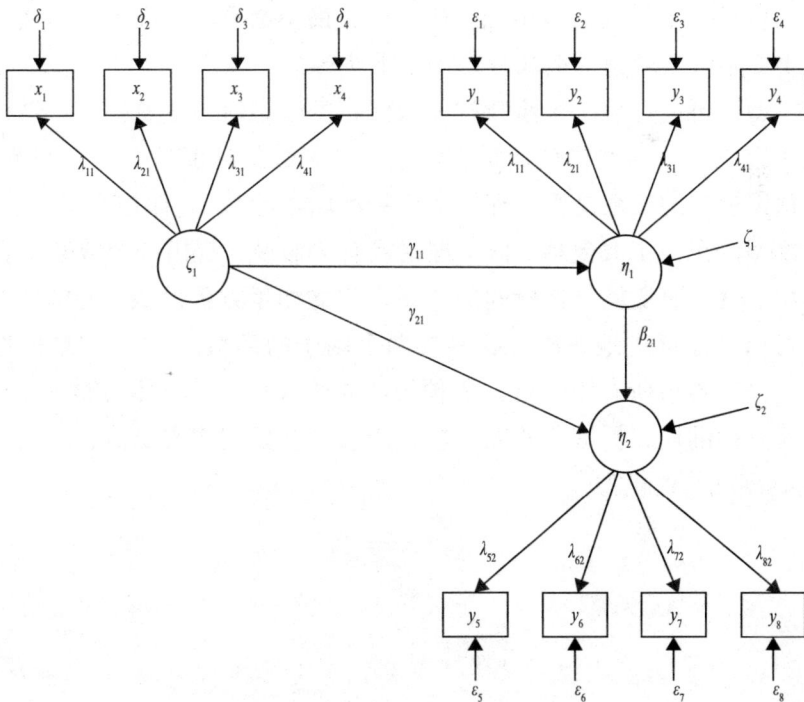

图 2-7　结构方程模型路径图

43

（4）结构方程模型的优点

①结构方程模型可同时考虑及处理多个因变项。

②结构方程模型容许自变及因变项含测量误差。

③结构方程模型容许潜变量由多个观察指标变项构成，并可同时估计指标变项的信度及效度。

④结构方程模型可采用比传统方法更有弹性的测量模型。

⑤研究者可构建出潜伏变项间的关系，并估计整个模式是否与数据拟合。

（5）结构方程模型建模与分析的步骤

①模型构建。利用结构方程模型分析变量的关系，根据专业知识和研究目的，构建出理论模型，然后用测得的数据去验证这个理论模型的合理性。建构模型包括指定：观测变量与潜变量的关系；各潜变量间的相互关系；在复杂的模型中，可以限制因子负荷或因子相关系数等参数的数值或关系。

②模型拟合。结构方程模型分析中的模型拟合目标是使模型隐含的协方差矩阵即模型的"再生矩阵"与样本协方差矩阵尽可能地接近。模型拟合中的参数估计方法有许多种，每种方法有自己的优点和适用情况。常用的参数估计方法包括：不加权的最小二乘法、广义最小二乘法、极大似然法、一般加权最小二乘法、对角一般加权最小二乘法等。

③模型评价。评价一个刚建构成或修正的模型时，主要检查：结构方程的解是否适当，包括迭代估计是否收敛、各参数估计值是否在合理范围内；参数与预设模型的关系是否合理；检视多个不同类型的整体拟合指数。

④模型修正。主要包括：依据理论或有关假设，提出一个或数个合理的先验模型；检查潜变量与指标间的关系，建立测量方程模型；若模型含多个因子，可以循序渐进地每次只检验含两个因子的模型，确立测量模型部分合理后，最后再将所有因子合并成预设的先验模型，作总体检验；针对每一模型，检查标准误、标准化残差、修正指数、参数期望改变值、χ^2 及各种拟合指数，据此修改模型。

第3章 六盘水市传统村落现状调研与分析

3.1　六盘水市传统村落分布与数量

3.1.1　六盘水市基本概况

六盘水市位于贵州省西部，地处云南省、四川省和贵州省三省交界处，是贵州省第三大城市。全市国土面积 9914 平方公里，六盘水市共辖 4 个县级行政区（六枝特区、盘州市、水城区、钟山区），92 个乡镇街道 (27 个街道、39 个镇、1 个乡、25 个民族乡)，1152 居（行政村），全市户籍人口为 360.38 万人。六盘水市是国家西电东送的主要基地，国家西部大开发南、贵、昆经济带的重要结点城市。六盘水市地处华南、西南铁路大通道交汇点，有"四省立交"的美誉。2021 年全市生产总值 1473.65 亿元，比上年同期增长 8.2％，两年平均增长 6.3％。其中，第一产业增加值 179.69 亿元，比上年同期增长 7.3％，两年平均增长 6.6％；第二产业增加值 670.03 亿元，增长 9.4％，两年平均增长 6.7％；第三产业增加值 623.92 亿元，增长 7.1％，两年平均增长 5.8％（图 3-1）。

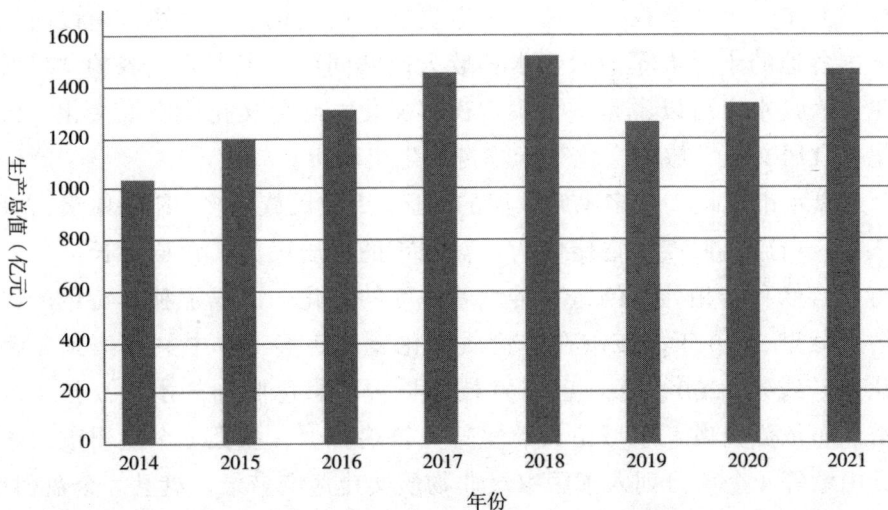

图 3-1　六盘水市 2014～2021 年国民生产总值

六盘水市旅游资源丰富，风光秀美，境内瀑布、溶洞、森林、峡谷、湖泊、温泉，比比皆是；山奇、水灵、谷美、石秀，处处成景，是名副其实的山地公园市。近年来，六盘水市围绕全域旅游着力打造山地大健康旅游产品体系，建成牂牁江湖滨旅游度假区、野玉海国际山地旅游度假区、乌蒙大草原旅游景区、梅花山旅游景区等10余个重点旅游景区，国家4A级旅游景区13个、国家级旅游度假区1个、省级旅游度假区8个，还建成了玉舍滑雪场等3个低纬度滑雪场等多处著名景点，连续多次入选国家十大避暑旅游城市榜。

六盘水市境内最高海拔2900.6米，最低海拔586米，立体气候明显。冬无严寒、夏无酷暑，年平均气温15℃，夏季平均气温19.7℃，冬季平均气温3℃。气候凉爽、舒适、滋润，紫外线辐射适中，被中国气象学会授予"中国凉都"称号。

六盘水市历史文化悠久。距今2亿～3亿年的二叠纪、三叠纪时期，板块运动、海洋抬升，留下丰富的古生物化石群。1993年考古发现距今20多万年的"盘县大洞人"，为贵州发现的最早智人，被评为当年全国十大考古发现之首。水城硝灰洞发现距今8万年的"水城人"，六枝桃花洞发现距今1万年的"桃花洞人"。春秋时期为牂牁国地，战国时期为夜郎国地，留下了神秘的古夜郎文化。红军长征期间红二、红六军团在盘县九间楼召开了"盘县会议"，留下了宝贵的长征文化。"三线"建设时期来自全国各地的十万大军与六盘水各族人民共同缔造了多元包容的"三线"文化。六盘水市可以说是一个集古夜郎文化、红色文化、三线文化、民族文化、宜居文化、旅游文化等于一身的生机城市。

六盘水市还是一个多民族聚居的地区，少数民族众多，其中彝族、苗族、布依族、白族、回族、仡佬族为六盘水市的世居民族。在历史长河中，他们与大自然和谐相处，创造和传承着优秀的文化，形成了独具特色的民族风情。截至2010年，该市在非物质文化遗产普查工作中共搜集到非物质文化遗产线索1200多条，已有六枝梭嘎箐苗彩色服饰艺术、盘县（今盘州市）布依族盘歌、水城苗族芦笙舞（箐鸡舞）、盘县（今盘州市）淤泥彝族山歌等4个项目列入了国家级非物质文化遗产名录。盘县（今盘州市）"老厂土法造纸"等24个项目列入省级名录，同时，该市公布了三批市级代表作名录73项和两批县级代表作名录101项。

3.1.2　六盘水市传统村落基本概况

查阅六盘水市统计局 2014～2020 年管辖区内行政村的数量变化，2014 年六盘水市管辖区内行政村数量为 1023 个，2016 年行政村数量为 887 个，2017 年行政村数量为 871 个，2018 年行政村数量为 726 个，2019 年行政村数量为 707 个，2020 年行政村数量为 727 个。根据图 3-2 我们可以得出，随着中国城市化的进一步推进，自然村和行政村正在逐步地消亡。传统村落作为自然村或者行政村的一部分，自然也不可避免地受到城市化进程的影响。六盘水市市域内的传统村落数量相对黔东南地区来说比较少，截至 2021 年末，六盘水市共有 10 个村落列入中国传统村落名录。水城区只有 1 个（花戛苗族布依族彝族乡天门村），六枝特区只有 3 个（梭戛苗族彝族回族乡高兴村、落别乡长湾村长田组、木岗镇戛陇塘村），盘州市有 6 个（石桥镇妥乐村、羊场布依族白族苗族乡大中村、保基苗族彝族乡陆家寨村、石桥镇乐民村、保田镇鹅毛寨村、丹霞镇水塘村）（表 3-1）。因此，探究保护六盘水当地的传统村落，使其焕发新的生机，具有良好的研究意义。

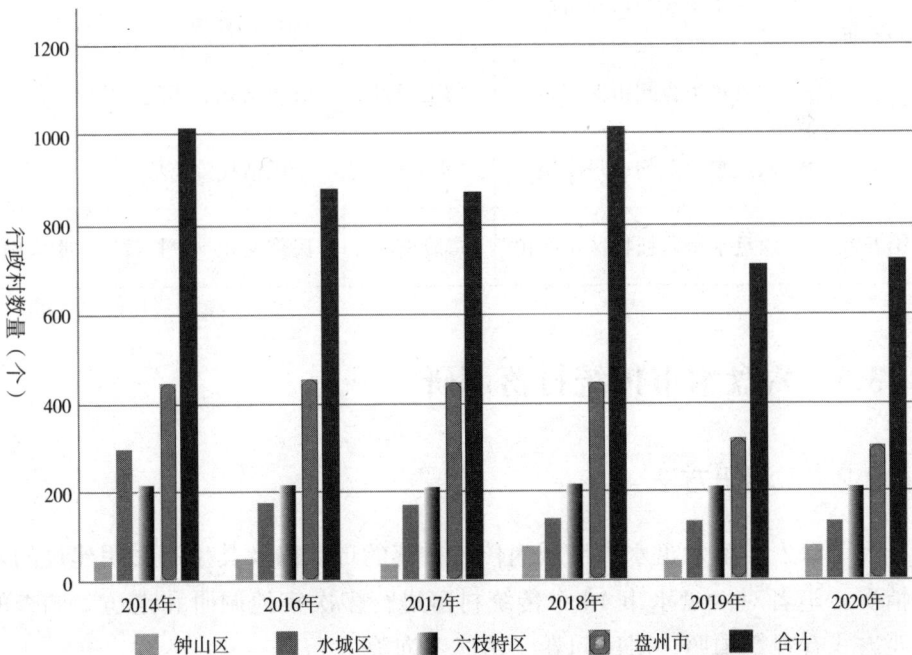

图 3-2　2014～2020 年六盘水市行政村数量变化趋势

表 3-1 六盘水市传统村落名录

录入批次	地址	村名	村落文化遗产特色
第三批	六盘水市六枝特区梭戛苗族彝族回族乡	高兴村	长角苗、梭戛苗族生态博物馆、刺绣
	六盘水市水城区花戛苗族布依族彝族乡	天门村	布依吊脚楼、千年菩提树、红米梯田
	六盘水市盘州市石桥镇	妥乐村	古银杏、一字排屋、四合院、西来寺
	六盘水市盘州市羊场布依族白族苗族乡	大中村	纺织工艺、观光农业、白块大营盘
	六盘水市盘州市保基苗族彝族乡	陆家寨村	榕树、原始民族工艺
第四批	六盘水市六枝特区落别乡	长湾村长田组	布依族文化、石木结构建筑、风水林
	六盘水市盘州市石桥镇	乐民村	古四角八庙遗址、云台山"玉皇阁塔"墓碑
	六盘水市盘州市保田镇	鹅毛寨村	红色文化、烤烟、生姜
	六盘水市盘州市丹霞镇	水塘村	李氏清代院落群
第五批	六盘水市六枝特区木岗镇	戛陇塘村	民俗文化、"打教""吃大肉"

3.2 六盘水市传统村落调研

3.2.1 调研方法

为了深入了解六盘水市市域内传统村落的现状以及其生态文明建设的基本情况，笔者对六盘水市 10 个传统村落进行多次实地调研和走访。调查的主要方式有观察拍照、居民问卷、访谈咨询等。

3.2.2　六盘水市传统村落实地调研分析

（1）高兴村

①高兴村概况。高兴村位于梭戛苗族彝族回族乡北部，距乡政府驻地 3.5 公里，距六枝特区人民政府驻地 40 公里，交通便利。由梭戛苗族彝族回族乡行政管属。高兴村属亚热带气候区，冬无严寒，夏无酷．暑，气候宜人，年平均气温 13.5～15.2℃，无霜期 294 天，年降雨量为 1476.4 毫米，平均海拔 1600 米，最低海拔 609.5 米，最高海拔 2126.9 米，适宜各类植物生长，生物资源丰富。农作物品种资源、森林资源、畜禽品种与牧草资源、水产资源、野生药材和野生动物资源品种繁多；矿产资源主要有煤炭、铁、铅，还有萤石、冰洲石、重晶石、石膏、石灰石等矿藏。现已探明煤炭储量 33 亿吨，是全国重点产煤区。水资源丰富。旅游资源独具特色。喀斯特地貌发育典型，地形多样，自然风光秀丽；村内无工业污染，森林覆盖率 68%，是真正的天然氧吧。全村国土面积 6068 亩，其中林地 2973 亩、草山山坡 918 亩、村寨绿化 235 亩、耕地 1942 亩。全村有 4 个村民小组 6 个自然寨（陇戛老寨、新一寨、新二寨、小坝田寨、高兴寨、补空寨），总人口 471 户、2378 人，全村 100% 人员属于箐苗。

村落选址处于六枝特区和织金县交界的崇山峻岭地区，主要坐落在山腰或山顶，具有易守难攻的优势，这在战争年代能够有效保证村民的安全。建筑风貌为石墙草顶房，新一寨和新二寨统一由政府出资修建，共计 80 户，由陇戛寨迁徙于此，建筑风貌保持传统的石墙草顶房。

村内建有中国第一座生态博物馆：梭戛苗族生态博物馆，于 1998 年 10 月 30 日开馆。它是在中国博物馆理事苏东海研究员和国际博物馆协会会员约翰·杰斯特龙教授共同指导、推进创建的。传统的博物馆是把一些被称为文化遗产的东西放在一个特定的博物馆建筑内陈列展示，虽然很精美，但这些文化遗产却远离了它们的所有者和所处的环境。而"生态博物馆"则是一个没有围墙的博物馆，它把文化遗产原貌保护在其所在的环境当中。梭戛生态苗族博物馆就是将整座寨子，包括原住居民的建筑、语言、生活习俗、生产工具、手工艺品、服装服饰、劳作方式及其周边的自然环境等原封不动地作为博物馆的一部分保留下来，并采取一些保护措施，将其展示出来（图 3-3）。

（a）生态苗族博物馆的入口　　　　（b）生态苗族博物馆的全景

（c）生态苗族博物馆主体建筑庭院　　（d）生态苗族博物馆内陈列的乐器

图 3-3　梭戛苗族生态博物馆

②高兴村现状问题。

第一，首先从六盘水市六枝特区通往高兴村的道路，虽然已经全部硬化成水泥路面，但很多路面已经被频繁过往的大车压坏了，出现了很多路面翻浆、路面凹凸不平的现象。其次是路面不宽，两车相会存在一定的困难，尤其是村内各个小组的道路，基本上只够单向车辆行驶，如果出现倒车的情况，需要找到可以错开车的地方，极大地影响了通车的效率。

第二，为了生活的需要，高兴村在政府的支持下，依然沿用石墙坡屋顶集中新建了很多新居，新建民居质量尚可，但是村内的生活服务设施没有跟上，房屋前面随意放置着许多鸡舍、水缸、柴火、晾衣架等生活设施，显得杂乱无章，缺乏统一的规划与管理，简陋的生活服务设施与新建的民居形成了强烈的反差（图 3-4）。

图3-4 高兴村新建居民点生活设施现状

（2）天门村

①天门村概况。天门村位于六盘水市水城区花戛苗族布依族彝族乡政府东北部，全村面积10平方公里，耕地面积540亩，其中水田436亩、旱地104亩，是一个以布依族为主的少数民族村寨。平均海拔810米，年平均气温18.8℃，无霜期达345天，气候温热，适宜种植多种农作物。主产水稻、玉米、太子参、小麦等粮食作物。食品特色为布依族筋肉渣、小米酒，全村是一个纯农业村。

②天门村现状问题。随着城镇化的进一步影响与推进，天门村面临着生

态环境破坏、自然与人文资源遭受侵蚀等问题。古建筑层面，由于大部分传统建筑为木质结构，加上缺少定期的维护或受自然灾害的影响，目前已经出现屋面瓦片破碎、木结构建筑构件损坏、墙面漏风等情况，导致现存古建筑的数量逐年下降，到现在已经不足 50%，整体传统建筑呈现出衰败的迹象。传统文化方面，受到外来文化的影响，村落传统的生活方式、生产工艺、手工技艺已经变得岌岌可危（图 3-5）。

图 3-5　天门村传统建筑现状

（3）大中村

①大中村概况。大中村位于盘州市羊场布依族白族苗族乡东南部，是一个以汉族、苗族为主要民族的传统村落。距羊场布依族白族苗族乡政府 8 公里，拥有国土面积 5.64 平方公里，可耕地 3620 亩，其中水田 1035 亩、旱地 2585 亩，全村总户数 976 户，总人口 3688 人，是一个纯农业村，没有其他产业，主要种植玉米、稻谷等农作物。目前正在进行产业结构调整，大力发展观光农业。

②大中村现状问题。大中村基础服务设施落后，通往村落的道路质量较差，与外界联系较为不便；村落内生活给水设施与污水排水设施缺乏，造成污水随意排放，生态环境质量不高；对村落传统文化挖掘宣传力度不足，没有形成独具特色的村寨名片，很多当地人都对本村落的历史脉络不了解或了解不深。这些弊端与不足无疑会对打造乡村生态旅游造成负面影响（图 3-6）。

图 3-6　大中村传统建筑现状

（4）陆家寨村

①陆家寨村概况。陆家寨村位于贵州省六盘水市盘州市保基苗族彝族乡东部格所河畔，与普安县龙吟镇隔河相望，南与原罐子窑镇接壤，西北与厨子寨、雨那洼村比邻，东与水城区花戛乡接壤。是一座以陆氏家族为主的村落，先后有陆氏、王氏、考氏等家族聚集于此，主村居住着布依族，白族、汉族居住在其他小组，总人口 571 户 1940 人。

陆家寨村属于喀斯特侵蚀地貌，多山崎岖，河谷湿热气候，水资源丰富，土壤多为黏性黄土，植物以古榕树、枫树为主，自然灾害以泥石流、滑坡为主；村落总面积 20.42 平方公里，主村落呈现稳定的三角形布局。村落主产业以种植业和旅游业为主，其中旅游业带动了当地民宿兴起，当地居民的收入来源于种植业、旅游业、外出务工。

陆家寨村内生长着不少古榕树。当地村民把榕树看得极为重要，把榕树奉为神树，在每年的农历六月初六布依大年时，村民会聚集在古榕树下进行祭祀活动，杀猪宰牛，祈祷来年顺风顺水。在陆家寨村，当地村民把古榕树保护得很好，其中 600 年以上的就有 60 多棵，最为古老的是一棵 1600 年的古榕树，长得尤为旺盛，根部紧紧缠绕，就像一条巨大的蟒蛇盘绕在树下，尤为壮观。还有一对夫妻榕，是当地青年男女私定终身的见证，也是村民进行祭祀的活动场地。

陆家寨村 2014 年入选中国传统村落名录，2015 年被国土资源部批准为贵州省格所河河谷名胜旅游风景点。村落目前正在积极打造古榕树群、小桥流水、千亩梯田、峡谷风光等具有苗族、布依族民族风情的桃源景致（图 3-7）。

（a）蘑菇房酒店　　　　　　　　（b）千年榕树群

（c）小桥流水　　　　　　　　　（d）毛虫桥

图 3-7　陆家寨村主要旅游产品

②陆家寨村现状问题。

第一，建筑质量与风貌方面。目前陆家寨村民居大多为砖混结构，住房布局较为集中，但由于当地村民改造的想法各不相同，导致当地民居风格参差不齐。居民住房与圈舍等农业生产用房建在一起，牲畜粪便不能妥善处理，导致居住环境较为脏乱，卫生状况较差（图 3-8）。

第二，交通方面。陆家寨村内有一条 6.5 米通村柏油路，可通往其他村寨，有一条连接全村的次干道，连接相邻居民点之间的是当地特色的石板路，有一个公共停车场，但旅游旺季时停车位不够使用。且路面环境较差。村内整体交通便捷，但道路未全部硬化，停车场达不到相关要求。

第三，生态环境方面。陆家寨地处山区，植物种类繁多，周边环境质量较好，但有些引进植物生存率不高；基地有少量的景点，但疏于管理，缺乏规划；没有独特标识的村口标志物和景观；村庄整体环境质量良好，内部地面比较脏乱差，有部分裸土堆砌。

第四，旅游产业方面。陆家寨村以古榕树著名，沿途分布少量农家乐。当地主要以农田生产为主，农家乐经营规模较小；活动方式单一，缺乏特色及品牌的打造；乡村旅游配套设施不全，基础设施较为简陋，服务设施较为落后；乡村旅游的"文化"不足。

第五，基础设施方面。垃圾处理设施不完善，缺乏统一的卫生管理系统，路面垃圾乱扔，环境质量差；文化活动、公共空间缺失，没有集中的活动点，难以满足游客精神需求；污水处理设施不完善，生产生活污水排放缺乏统一管理。

（a）　　　　　　　　　　　　　　（b）

图 3-8　陆家寨村传统建筑现状

（5）长湾村长田组

①长湾村长田组概况。长湾村长田组位于落别乡西南部，距乡政府驻地约 3 公里，隶属第七村民组。整体交通环境较好，村民通过横穿村寨的县道向北抵达乡驻地，乡驻地留有六镇高速的匝道口。寨子的西北侧有一块长约 300 米环绕山脚的水田，故名"长田"。整个寨子东南部和北部较高、西南及中部较低，建筑依山而建，布局在南侧山体的北部缓坡间，房屋多是石木结构建筑。如今，长田组依旧保留并传承着本地独特的布依文化，其村落格局、建筑形式、村民的服饰和手工制品等，均体现着布依族独有的特色。当地最隆重的传统节日是六月六，这天，布依村村寨寨，喜气洋洋，祭祀神农及寨神。

②长湾村长田组现状问题。

第一，传统建筑损坏严重。古村落现今保存的传统居民点已经没有居民居住，居民全部搬迁到新村。虽然传统建筑基本上保存得相对完好，但是由于缺乏定期的管理与维护，已经呈现出传统建筑逐渐被损坏、传统居民点杂草丛生、残垣断壁的破败景象（图3-9）。

图3-9　长田组传统居民点环境现状

第二，生态环境质量有待提高。整个村庄传统村落生态较为良好，植被覆盖率高，但还存在一些问题。比如，生态环境保护措施不足，村内山林树木较多，经常有人去山上砍伐树木作为燃烧材料；河流缺乏有效治理，由于有姊妹瀑布景点，周末和旅游旺季游客较多，水面漂浮很多垃圾；生态景观利用低，村庄内部梯田景观及生态石桥没有合理利用；村民环境意识薄弱，在村里行走随处可见白色垃圾，道路两旁及居民点附近常有生活垃圾。

第三，产业发展滞后。六枝特区落别樱桃在六盘水市乃至整个贵州省都比较出名，但长湾村作为落别乡的樱桃产地之一，却没有将樱桃形成产业链，而是零散销售，经济作物价值不高。第一产业的可持续性不高，主要原因是不能成规模性种植，村民种植的产业种类单一，发展不稳定，大量梯田没有合理利用，资源未得到有效开发利用。产业链不完整，第二产业发展滞后，导致经济发展模式比较单一。整个村庄没有主导产业支撑，农副产品发展落后，再加上人才流失严重，缺乏产业活力。实现长湾村绿色发展需要产业的支持，长湾村的产业发展要注重以农为本，在第一产业的发展基础上拓展第二产业，同时利用长湾村的各类资源发展第三产业。

（6）乐民村

①乐民村概况。贵州省盘州市乐民村位于盘州市西南部，南与富村镇相邻，西距盘州市 30 多公里，北距盘州市城关镇 50 多公里，北邻水城、东邻黔西南。境内有南昆铁路通过，地势西北高，中部和南部低。

乐民村（古代名称：乐民千户所城）始建于明洪武十四年（1381 年），为收复元末残敌云南王，明代皇帝朱元璋作出调北南征的决策，命傅友德率领 30 万大军进入滇黔蛮荒之地剿灭云南王。大军分兵进入滇黔地区，选择在川、滇、黔、桂四省交通要塞乐民村建立"千户所城"作为军事战略要地，设立帅府指挥决战。目前村落居民大多数为所军后裔，少部分为外地到本地来经商的商人，他们在漫长的发展建设中始终保持着勤劳、淳朴、团结的优秀品质，且善经商、崇尚文化教育。现管辖总面积 5 平方公里，5 个自然村，16 个村民小组，全村住户 715 户 2510 人，有汉、彝、苗、回、白等少数民族。村民主要以种植农业和养猪为主，人均收入较低。

乐民村旅游资源丰富，主要包括以下旅游资源：

第一，传统建筑景观资源：乐民村传统建筑资源有商铺（商铺铺面、铺台：在紧靠下牌坊入口的临街右侧有江西籍人兴建的四合院会馆一处。街市主要设有食铺、粮油铺、糕点铺、干菜铺、盐铺、铁匠铺、餐饮店等）、城门 [所城的东、西、北向均建有城门，即东门（马王庙城门），西门为过滇楼（黑神庙）楼门，北门为三家楼城门（在城内），即现在的"千户所城"北门，南门以下牌坊为门]、四阁八庙（"四阁"即文阁、斗阁、观音阁、玉皇阁；"八庙"即马王庙、圣庙、玉皇庙、城隍庙、黑神庙、关帝庙、龙王庙、东岳庙和文笔塔一处）等。

第二，自然景观资源：乐民村主要自然景观有"桥上桥，洞上洞"、龙潭、温泉等。

第三，红色景点："盘县游击团欠屯战斗遗址""盘县游击团暴动第一次联络筹备会议旧址"。

第四，古树木景观资源：乐民村现存非遗类古生物，树龄在一千年左右的银杏树一千多株。同时，乐民村植物种类繁多，灌木有红花继木、杜鹃、山茶、海桐球、金叶女贞以及一些乡野灌木等；乔木主要为乡土树种古银杏，还有各种果树，如梨树、橘树、枇杷树、杏树、李子树、柿子树、核桃树等；以及园林中常见绿化树种：紫薇、女贞、四季桂、八月桂等（图3-10～图3-13）。

图3-10　乐民千户所城城墙

图3-11　乐民千户所城北门

图 3-12　乐民千户所城牌坊

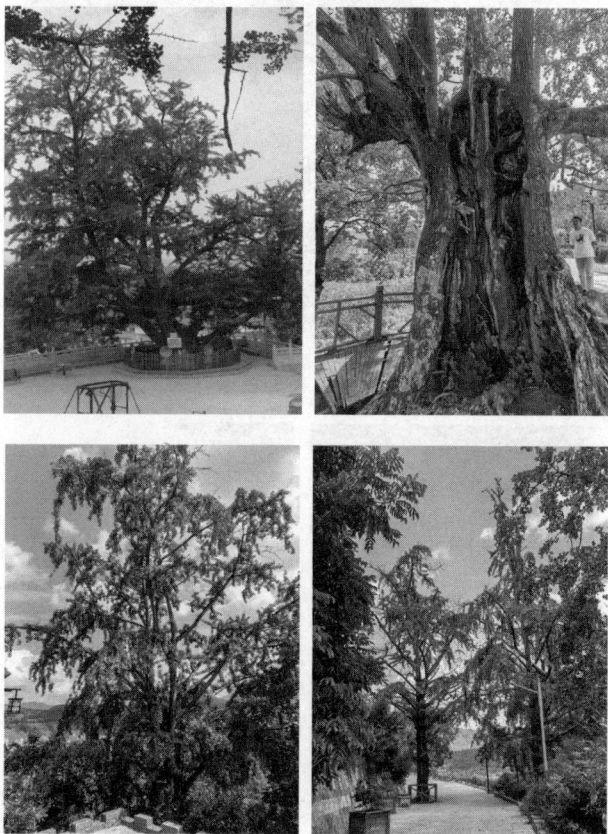

图 3-13　乐民村千年古银杏树

②乐民村现状问题。

第一，传统建筑方面。乐民村现存古建筑多为明清建筑，多为砖木、石木、土木结构，由于年代久远，一些明清建筑破损甚至坍塌，老房子的安全隐患和后期维护是需要解决的问题。

第二，村落的活动区域公共服务设施陈旧，不仅缺少垃圾桶，水面、草丛以及路边随处可见白色垃圾，严重污染村落环境。此外，公共厕所的数量及质量也达不到要求，不能满足村民及游客服务要求，环境设施较差，在村庄中可以见到很多裸露的水管以及电线，存在安全隐患的同时也影响着传统村落的景观（图 3-14）。

（a）年久失修的观景平台

（b）年久失修的木栈道　（c）破败不堪的传统建筑

图 3-14　乐民村年久失修的木栈道

第三，经济结构单一。乐民村产业结构模式单一，主要以种植业和养猪业为主，缺乏其他产业，人均收入较低，村落整体经济发展受到很大限制。

第四，地域文化的缺失。随着经济的发展以及生活节奏的加快，更多年轻人不愿意花时间精力去进行传统技艺的学习与传承，从而导致传统技艺后继无人，逐渐淡出人们的视野，淡出人们的生活。

（7）鹅毛寨村

①鹅毛寨村概况。鹅毛寨村是一个独立的自然行政村。地处保田镇政府西面，西南与大山镇相连，西北与忠义乡为邻，迄今已有 300 多年历史。现共 12 个村民组，全村总户数 1013 户，总人口 3315 人。全村国土面积 5.5 平方公里，耕地面积 7800 亩，其中旱地 6500 亩、水田 1300 亩，有劳动力 1600 人，外出务工 341 人。全村以种养殖为主。经济作物主要以烤烟、生姜为主；养殖产业有养羊基地 1 个，养牛基地 1 个，养鸡场 1 个，村民节约化小型养猪场 4 个。

②鹅毛寨村现状问题。鹅毛寨村的传统建筑主要以石材为墙体结构材料、木材为坡屋面结构材料和青瓦为屋面防水材料。但是目前由于年代久远、缺乏定期维护，大部分传统建筑已经成为残垣断壁，无法居住了。只有极少部分仍然有村民居住的传统建筑还保存相对完整。目前主要以 2~3 层砖混结构的新式建筑为主要住房（图 3-15）。

图 3-15　鹅毛寨村传统居民点环境现状

（8）水塘村

①水塘村概况。1638 年徐霞客考察盘州，正值雨季。乌都河水大涨，他在游记中记述，在丹霞山南十里，"其西坠峡而下，为大水塘，坞中自南而北"，故名水塘。明洪武十四年（1381 年）征南将军傅友德等率军南征云南，

夺取普安后，驻兵此地史称前所，又分别屯兵驻上坞、中坞和下坞，因此水塘村有上伍屯、中伍屯和下伍屯之称。明洪武十五年（1382年）这里作为普安州和普安卫的下一级行政区的治所之一，史称"南里"。水塘村成为南里的政治、文化和经济中心。南里辖上伍屯、中伍屯、下伍屯；1913年废府、厅、州，盘州厅改称盘县。1992年3月，"撤区并乡建镇"，撤销水塘乡、山岚乡、苍龙乡，并为水塘镇。水塘是一个由前所、上午屯、中午屯和下午屯四个村落构成的集镇；现前所形成前所村，上午屯、中午屯、下午屯合并为水塘镇水塘村。

水塘村属于喀斯特地貌，位于贵州高原向云南高原过渡地带，地势南高北低，地形起伏大，背山面水，村子中心有乌都河穿过，村落位置优越，周边生态环境优美，耕地覆盖面积广，村中有246国道和202县道穿过水塘村。但是因村落发展，村落生态环境遭受不同程度的破坏，整个村落的环境格局被打破；林地、田园整体景观效果不理想等。

②水塘村现状问题。

第一，传统建筑破坏严重。村落保留的完整古建筑多以清道光末年民居四合院为主，其建筑富有文化特色。但经调研只有极少部分的建筑得到保护，由于后期新修建和拆毁重建的影响，大部分的原始建筑已经不复存在。其中保留下来比较完整的建筑也有不同程度的损坏，建筑主体大部分风化严重，墙面图案褪色严重，整个村子建筑风格已经存在明显的不统一，建筑差异化严重（图3-16）。

（a）传统建筑四合院　　　　　　　（b）传统建筑现状

（c）堆放杂物的传统建筑　　　　　（d）仍然作为居住建筑的传统民居

图 3-16　水塘村传统居民点环境现状

第二，建筑庭院环境质量较差。村中住宅中庭院占据10%，仅有的庭院中，只有5%庭院有景观效果，而且由于长期管理不当，杂草丛生，道路空间被占，人行活动空间受限。植物种植方式也不恰当，整个格局还有很大的提升空间（图 3-17）。

图 3-17　水塘村传统建筑庭院环境现状

③基础设施不完善。经过调研发现村中基础设施不够完善（图3-18），主要存在以下问题与不足：

第一，电线杂乱。许多电线已经掉落距地面1.5米，人行走中有触碰风险，造成一定的安全隐患。电线走向也不规律，在大街上横穿，对整个街面的景观造成很大的影响。

第二，停车位。由于缺少停车区域，导致机动车乱停乱放，占据了街道，给村落的整体形象造成了不小的影响。

第三，小桥。很多日常通行的小桥缺乏护栏，对于生活在周边的居民尤其是小孩形成安全隐患，值得重视。

第四，农耕文物。缺少用于保护存放农耕文物的建筑，导致文物摆放在室外屋檐，个别文物还有小孩乱刻画现象，保护效果差。

第五，垃圾桶。在村中行走300米左右没有垃圾桶，垃圾桶数量少，而且垃圾桶外观比较现代，和村落整体外貌不匹配，巷道存在白色垃圾，卫生状况需要提高。

第六，健身设施。村落缺少健身设施，对于中老年人健身设施非常重要，所以应该增加健身设施以增强中老年人体质。

第七，旅游服务设施。缺少旅游服务设施。发展旅游就需要配备游客服务中心，为旅客提供保障服务才符合发展旅游业的基本条件。

图3-18　水塘村生活设施现状

（9）戛陇塘村

①戛陇塘村概况。戛陇塘村是一个有上千户人家的特大村落。位于六盘水市六枝特区木岗镇西侧，地处六盘水市与安顺市交界处，行政上归属于六盘水市，地理上距安顺市较近，离黄果树景区仅有十几公里，是贵州省内最大、最具特色的汉族村落，目前人口约有 8000 人，2800 多户。村寨的名称来源于村里"塘"的传说，村里的"塘边"见证了无数历史兴衰，也见证了一代代"戛府人"的成长。戛陇塘村有着古朴的民风，其特色是一年一度的"打教"和元宵节的"吃大肉"。

同时戛陇塘村森林资源丰富，岩石中蕴藏一些铁矿，可冶炼钢铁，石灰石也十分丰富，当地已有石灰、水泥等化工厂。

戛陇塘村历史悠久、地域文化丰富，建筑风貌淳朴独特，具有鲜明的地域特征。村民根据当地气候特征，并结合当地材料，充分利用当地石材，因地制宜、就地取材，打造具有鲜明地域特征的石板房。石板房虽然朴实无华，但是具有坚固稳定、冬暖夏凉、防潮防火的性能。戛陇塘村现有 244 栋老石板房，68 栋楼房全部属于石头砌成，数量众多，形成具有一定规模的古村落建筑群。戛陇塘村于 2019 年入评第五批中国传统村落并挂牌。

②戛陇塘村现状问题。

第一，传统建筑损坏严重。戛陇塘村的传统建筑主要由以下材料构成：以当地的石材作为建筑墙体砌体结构材料、木材为坡屋顶结构材料、片石和青瓦作为屋顶防水材料。目前很多传统建筑由于年代久远、缺少定期维护，已经出现衰败的迹象。只有少量仍然有村民居住的传统建筑保存相对完好。在实地的调研过程中，我们采访了一位汪姓的老人，他目前所居住的老屋就是一栋三合院（三面由建筑构成、一面由石砌的围墙围合成封闭的庭院空间），正厅由起居室（堂屋）、厨房、卧室等主要功能空间组成；侧房为圈养畜禽的场所；三合院的正大门没有设置在三合院的正中间，而是放在了东南角，而且正门上方建造了一个人字坡的小房间。上述三合院的功能空间特点与中国传统四合院的本质特征相同（图 3-19、图 3-20）。

戛陇塘村村内还保留一处碉楼，碉楼墙体结构材料为形状规则的石块，坡屋顶的结构材料为木材，屋顶为青瓦。目前碉楼保存相对完好，只是屋顶出现一定程度的损坏，外墙的抹面也已经脱落不少。可以看出碉楼没有受到严格的保护和缺少定期的维护（图 3-21）。

第二，戛陇塘村公共服务设施不完善。村内仅有村委会、戛陇塘小学、卫生室，其他公共服务设施严重缺乏，不能满足自然村寨的需求，公共服务设施还有很大的提升空间，在规划中应根据需求完善相应的公共服务设施。

第三，产业单一，发展滞后。戛陇塘村的产业以种植业为主，主要有红心猕猴桃1884亩、刺梨200亩、高粱200亩、生姜300亩、芋头100亩、西红柿100亩、其他蔬菜100余亩。农业产业发展链条短，还处于发展的最低端，缺乏农业产品的深加工，所以农特产品衍生产品不够丰富，农产品附加值不高。又缺乏对地域特色文化的挖掘和利用，导致戛陇塘村产业发展单一，村里的就业机会少，所以村里大量劳动力外出，造成了村里空心化、老龄化、土地撂荒等现象日益加剧，集体经济处于空壳化，严重限制了村寨的发展，使村寨发展处于恶性循环。

图3-19　戛陇塘村传统建筑现状

图 3-20   戛陇塘村汪姓三合院现状

图 3-21   戛陇塘村碉楼现状

（10）妥乐村

①妥乐村概况。妥乐村隶属贵州省六盘水市盘州市石桥镇，位于石桥镇的北部，距县城 28 公里，距石桥镇仅 1 公里。南接南冲村，东接鱼塘村和东冲村，西与鲁番接壤，北与西冲紧临。妥乐村横亘于茶马古道途中滇黔锁阴的门户位置。区位优势明显。妥乐村选址所在谷地的东西两侧均为连绵高山，山体植被以常绿乔木林为主，既是古往今来的防卫屏障，也是妥乐村的

生态屏障。两山之间的谷底中间部是走势蜿蜒的妥河，妥河两侧则分布了千亩良田。整体景观格局为南北开敞，东西围合。

妥乐村地处典型的喀斯特地貌地区，地势起伏较大，焰岩分布密集，山润泉水为妥乐村的主要水源。村落内部地形总体呈峡谷状，西高东低，建筑坐西朝东，顺山势布局。村寨西北侧有一个古墓群，周边分布古罗汉松林。妥河从村寨东侧由北向南缓缓流过。妥乐村又被称为"生长在树根上的村庄"。全村有古银杏树1500多株，千年树龄以上的银杏树有100多棵，被称为"世界活化石基地，中国古银杏之乡"，于2014年被列入第三批"传统村落"名录（图3-22）。

图3-22 妥乐村中在古银杏树包围下的传统建筑群

妥乐村属亚热带温暖气候区，热量足够，雨量充沛，雨热基本同季，光照充足，海拔在1053~1993米，平均海拔1700米，年降雨量在1450~1530毫米，年平均降雨量1500毫米，全年无霜期280天，作物有效生长期较长；年平均气温13.6℃，暑期平均气温20~21℃；年均日照1400小时以上，日照百分率为36%，光能资源充足。

妥乐村经济状况以农业为主，主要靠银杏、果林特色产业，但是经济收入有限，每年每户人家依靠银杏产业的平均收入仅有2000元。粮食作物主要为玉米、水稻、马铃薯、大豆等，经济作物有油菜、花生、麻类、芝麻及其他油料作物；此外还有零散分散的梨树、桃树等果树。第二产业方面，妥乐村有着丰富的煤炭资源与石材资源，但为了维护古银杏树的正常生长，保护自然生态环境，村里从古至今祖祖辈辈都没有对这片土地进行建矿采煤。如今，尽管采煤来钱快，但该村村民仍从事着传统的农耕，以保护古老银杏树形成的良好生态和发展银杏业来提高自己的经济收入。石材也不再允许开采（但现仍有一家在采石），所以妥乐村现在基本上没有第二产业的发展。第三产业主要为旅游业、农家乐餐饮等服务业，但还是在初级开发建设阶段，餐饮为农家乐，住宿设施数量少、质量差。随着越来越多游客的到来，给村民们出售银杏、农副特产、手工艺品、开设农家乐、农家小旅馆等带来无限商机。

　　②妥乐村现状问题。

　　第一，妥乐村的旅游核心要素"古银杏村"部分已经呈现自然衰老的现象，加上最近几年极端气候的增加，影响着古银杏生长长势；同时随着最近几年外来游客的增加，给古村落的生态环境造成极大的压力。比如"树王"作为游客必须打卡的网红地，基本上都是人满为患，让这棵 1500 多年树龄的银杏古树不堪重负。曾经创下了 4 天累计接待 2 万多游客的纪录。这些问题都制约着当地经济、生态的可持续良性发展（图 3-23）。

　　第二，传统古建筑衰败严重。妥乐村目前仅保存传统建筑 23 栋，其中大部分还是作为村民日常生活起居用，有 8 栋古建筑已经变成危房，面临倒塌。伴随着古建筑自身的衰败，那些具有较高文化价值的窗花、门、倒挂楣子等建筑构件木雕装饰，也面临着消亡的危险。据实地调研统计，有 80% 的传统建筑存在倾斜与漏雨的现象（图 3-24）。

　　第三，村落内景观设施堪忧。由于村民和游客对公共服务设施没有很好的保护与维修意识，村落内各种景观服务设施遭受到严重的破坏，被损坏的设施也没有及时维修。村落内水体景观长期干枯，环境质量需要进一步提升。

　　第四，村落旅游产品种类单一、产品层次不高。目前妥乐村开设的农家乐、民宿数量较多，但由于缺乏统一的管理，在食品安全、污水排放与处理、服务质量等方面不能得到有效的监管与保证；对古银杏资源的利用不够充分，目前古银杏在景观观赏和银杏果销售方面做得相对较好，但没有针对古银杏这种综合性的旅游资源进行全方位的开发，未能形成一个完整的产业链。

图 3-23　妥乐村"树王"古银杏

图 3-24　妥乐村保存相对完整的古建筑

3.3　六盘水市传统村落存在的问题

3.3.1　村落生态环境受损

通过对六盘水市数个传统村落的现场调研发现，这些传统村落的生态环境受到不同程度的破坏。随着乡村旅游业的发展，一次性旅游用品的使用给当地村落带来了大量的外来垃圾；河流驳岸景观杂乱无章，河中漂流着居民和游客随意丢弃的垃圾，两侧的驳岸缺乏管理，杂草丛生，景观质量较差；村落内部的电线随意地绑扎到一起，并紧挨旁边的建筑，存在一定的安全隐患；村落建筑旁边的空地没有人工管理，杂草丛生，村民既没有把此类闲置土地转化成耕地或者菜地，也没有进行景观绿化，使它变成宅旁绿地，这也是一种对土地资源的浪费；建筑庭院里杂乱无章地堆放着喂鸡的石槽、没用的木棍、竹棍等杂物。这些都严重地影响了整个村落的生态环境面貌（图 3-25）。

（a）村落河流生态环境的破坏　　　　　（b）村落电线杂乱无序

（c）村落建筑外围杂草丛生　　　　　（d）村落庭院杂物凌乱

图 3-25　传统村落生态环境的破坏

　　同时，六盘水传统村落当地村民的生态环境保护意识淡薄，在日常的生产、生活过程中不太关注生态环境方面的问题，很多日常行为都会对当地的环境造成负面影响。笔者以 2018 年贵州大学生创新创业项目（"六盘水市传统村落生态环境现状调查与保护研究"）为依托，指导六盘水师范学院 2016 级风景园林专业的黄亚玲等同学对传统村落的生态环境进行实地调研，发现以下问题：生活污水处理设施落后，污水随时随地排放的问题非常普遍；村民生态环境保护主体意识不强，责任划分不明确，环境治理管理制度不完善。这些都极大地影响着村落生态环境的质量。

3.3.2　建筑风貌破坏严重

通过对六盘水市 10 个传统村落的现场调研发现，传统村落中虽然还保存着一部分中国传统建筑类型，但是随着乡村经济建设的加快，大部分传统村落建筑已经消失。消失的原因主要有两类：一类是由于传统建筑年代过于久远，传统木结构的建筑类型不能保存很长时间，很多都自然衰败坍塌了；另一类是村民主动的建设性破坏，把木结构的传统建筑拆除，建造了以钢筋混凝土为主要建筑材料的现代建筑（图 3-26）。

（a）乐民村　　　　　　　　　　　（b）水塘村

（c）陆家寨村　　　　　　　　　　（d）鹅毛寨村

　　（e）妥乐村　　　　　　　　　　（f）水塘村

图 3-26　村落传统建筑的破坏

3.3.3　经济空心化问题

　　中国传统村落的经济模式主要是以户为单位的自然经济模式，进入 21
世纪，随着乡村经济的发展，乡村的发展和建设受到城市越来越多的影响。
村落的年轻人大多到外地打工或者在周边区域从事各类经济生产活动，留在
村落里从事农业生产的基本上都是 50 岁以上的老年人。各种因素导致村落
经济结构单一，农业产业空心化，经济发展滞后，农民的经济收入较低，农
村的发展受到很大限制。虽然部分传统村落已经有部分农业产业在逐步发展，
但由于受到劳动力数量、质量，缺乏技术指导、管理水平等各方面因素的影
响，整体上还需要进一步提高。

3.3.4　公共空间活力匮乏

　　村落的公共活动空间在村落的生产、生活、休憩功能中扮演着重要的角
色。尤其是一些少数民族村落的公共空间，更是发挥着至关重要的作用。村
落公共空间按照不同的分类方式可以分为不同的种类（图 3-27～图 3-29）。

　　门户空间　　　　集会行政空间　　　文化娱乐空间　　　邻里交往空间

图 3-27　传统村落公共空间的类型（按照功能划分）

| | | 点状空间指面积相对较小的公共空间，多指建筑的四周空间。如树下、井旁、古戏台、文庙、祠堂等建筑及其围合空间 |
| 点状空间 | | |

| | | 线状空间指街道公共空间和街道空间；街道空间指的是主干道两旁的空间。这些空间较点状空间面积要大，可为居民及游客提供休憩空间。如街巷、水渠等 |
| 线状空间 | | |

| | | 面状空间指村中的公共空间，也指村中原有公共空间以及设计中新增加的公共空间。有一定的面积大小。例如仓库、四合院群等 |
| 面状空间 | | |

图 3-28　传统村落公共空间的类型（按照几何形态划分）

市场贸易空间　　　　　　生产劳动空间　　　　　　文化教育空间

家庭活动空间　　　　　　公共交通空间　　　　　　社会交往空间

图 3-29　传统村落公共空间的类型（按照活动类型划分）

六盘水市传统村落的公共空间主要存在以下问题。点状公共空间长期闲置，没有得到充分、合理的利用；线性公共空间之间的联系不够，没有形成一个系统；面状公共空间的质量不高，里面缺少一些必要的服务设施、休憩娱乐设施，不能促使村民在该公共活动空间长时间停留，不能充分发挥公共空间的功能。那些原本在传统村落中承担着村民情感交流、传统文化活动载体的公共活动空间已经成为村民堆放垃圾或空余闲置的废弃地。

3.3.5　配套设施不完善

村落内生活公共服务设施种类单一，分布的密度较低，并且缺乏统一的管理。比如各种通电、通信线路凌乱无序，随意暴露在空气中，不仅影响村落景观面貌，也会降低设备使用年限，并带来一定的安全隐患；村落中没有统一的垃圾回收设施，生活垃圾和厨余垃圾随处可见，有时还会散发气味；村落中输水管线暴露在外，不仅影响美观，也会降低输水管线的使用年限，严重影响着村落的村容村貌（图 3-30）。

（a）陆家寨村　　　　　　　　　　（b）水塘村

图 3-30　传统村落的生活设施缺乏

3.3.6　传统文化的衰落

传统村落的衰落是多方面的，主要包括物质实体的衰弱和精神文化的衰弱。物质实体主要指传统村落实体的构成要素，包括传统民居建筑、村落公共建筑（碉楼、仓库、宗庙祠堂、鼓楼、吊脚楼等）、各种构筑物（小桥、挡墙、风雨桥、纪念碑）、道路；精神文化主要是指该村落的民族文化、生活生产习惯、语言文化、文字文化、婚丧嫁娶文化、饮食文化、图腾信仰文化等方面。但是随着乡村经济的发展，村落劳动人口的外迁、市场经济的影响，传统村落的衰落好像不可避免。以村落实体为载体的乡村传统文化逐渐衰落，很多少数民族村落现在能够说本族语言、能够写本族文字的年轻人越来越少，随着老一辈村民的过世，本族语言和文字的传承将受到很大的挑战。传统村落中传承久远的生产生活方式、手工艺技术、风俗习惯等中国传统文化在现代化的冲击下很难得到延续（图 3-31、图 3-32）。

图 3-31　传统村落中的纺织工具

图 3-32　传统村落中的风簸

第 4 章　六盘水市传统村落居民参与生态文明建设的意愿

4.1　传统村落居民参与意愿模型的构建

村落生态文明的建设主体包括各级政府、企业、团体和个人，要保证村落生态文明建设的高质量，需要上述建设主体共同参与才能完成。村民作为村落的主体之一，长期在村落中生产、生活，村民参与生态文明建设的积极性、主动性极大地影响着村落生态文明建设的成败。因此，本文采用计划行为理论（Theory of Planned Behavior，TPB）的经典模型，从行为态度、主观规范、知觉行为控制三个因素出发，以本地村民为调研对象，探究六盘水市传统村落居民参与当地生态文明建设的意愿，分析当地居民参与村落生态文明建设意愿的驱动因素，从而为村落生态文明建设提供一定的决策依据，进而更加有效地推进当地村落生态文明的建设（图 4-1）。

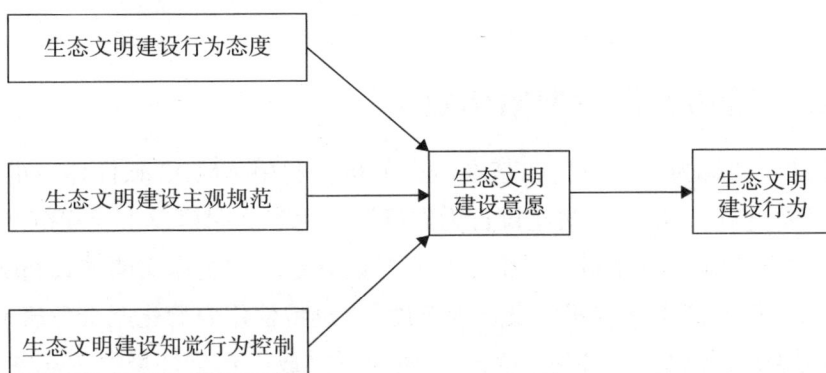

图 4-1　生态文明建设意愿模型

在村落生态文明建设过程中，村民的行为态度是指对本地生态文明建设所持有消极或者积极的看法。一般情况下，村民积极的行为态度能够促进居民参与村落的生态文明建设，消极的行为态度则会妨碍居民参与村落的生态文明建设。根据计划行为理论，故提出以下假设：

H1：行为态度正向影响村民参与生态文明建设的意愿。

在村落生态文明建设过程中，主观规范是指村民周围的家人、朋友、同事等人群对村民参与生态文明建设的影响。一般情况下，主观规范越强，村民参与村落生态文明建设的意愿也就越强。根据计划行为理论，故提出以下假设：

H2：主观规范正向影响村民参与生态文明建设的意愿。

在村落生态文明建设过程中，知觉行为控制是指当地村民从事村落生态文明建设过程中所面临困难的难易程度。一般情况下，当村民感觉自己能够很好完成或有能力、有时间能够完成村落生态文明建设时，村民的知觉行为控制就越强，其参加生态文明建设的意愿也就越强。根据计划行为理论，故提出以下假设：

H3：知觉行为控制正向影响村民参与生态文明建设的意愿。

在生态文明建设的过程中，生态文明建设意愿是指村民从事村落生态文明建设的意图。一般情况下，当村民从事生态文明建设的意愿越强烈，村民就越有可能从事村落中各项生态文明建设的活动或事业。根据计划行为理论，故提出以下假设：

H4：生态文明建设意愿正向影响村民参与生态文明建设的行为。

4.2　结构方程模型的构建

通过计划行为理论模型和基本假设分析，利用 AMOS 软件建立的结构方程模型，包括"生态文明建设行为态度""生态文明建设主观规范""生态文明建设知觉行为控制""生态文明建设意愿""生态文明建设行为"5个潜变量。其中，"生态文明建设行为态度"由过量使用农药化肥会危害环境、焚烧农作物秸秆会污染环境、畜禽粪便随意排放会污染环境、生态文明建设非常重要必须执行这4个测量指标来度量；"生态文明建设主观规范"由政府积极推进村落的生态文明建设，家人赞成支持村落的生态文明建设，亲戚朋友赞成、支持村落的生态文明建设，有关于生态环境保护、野生动物保护的法律法规这4个测量指标来度量；"生态文明建设知觉行为控制"由本人有进行生态文明建设的能力、本人能够承担生态文明建设的费用、本人能够承担生态文明建设过程中的风险这3个测量指标来度量；"生态文明建设意愿"由本人愿意花时间和精力进行村落的生态文明建设、本人愿意在没有经济补偿的情况下参与生态文明建设、本人愿意参与各种生态环境的保护活动、本人愿意动员身边的人一起参与生态文明建设这4个测量指标来度量；"生态文明建设行为"由您家每年的化肥、农药的使用量在逐渐减少，您家每年的薄膜使用量在逐渐减少，您家每年的有机肥与农家肥的使用量在逐渐增加，您在家中非常注意节约用水与节约用电，您不会随意乱扔垃圾、废弃物，您家的生活垃圾都有固定的堆放点和回收点这 6 个测量指标来度量。结合计划行为理论和基本假设，绘制如下图的结构方程模型图（图 4-2）。

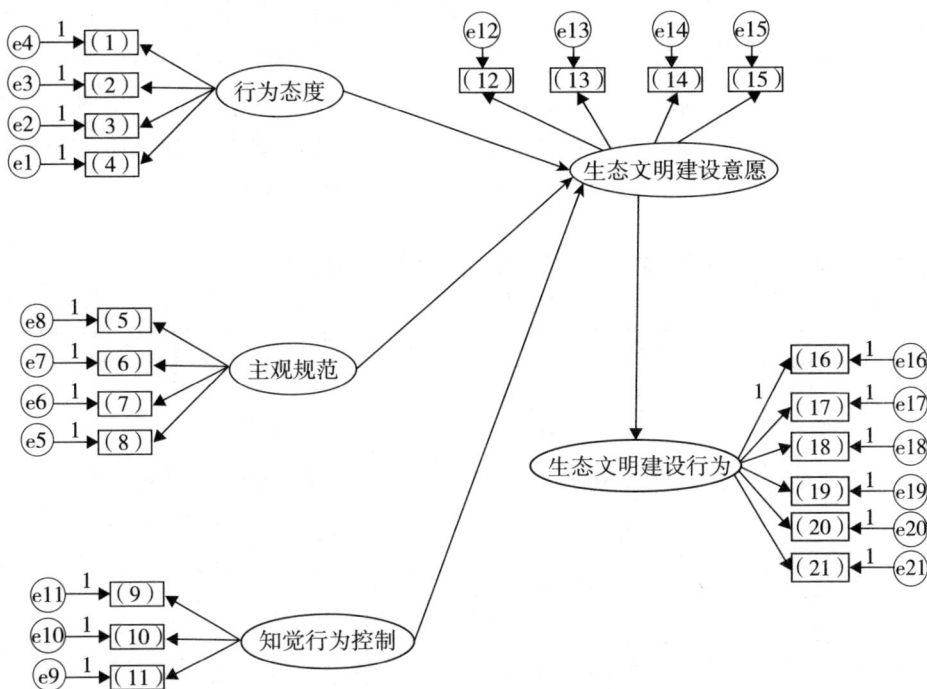

图 4-2　结构方程模型路径

4.3　传统村落居民参与意愿的实证研究

4.3.1　问卷设计与数据收集整理

本研究选取六盘水市 10 个传统村落中的当地村民为调研对象。本次调研采用问卷法开展调研，项目团队成员实地走访了六盘水市 10 个传统村落，并对当地居民进行问卷调查，首先向村民说明了调研的目的与内容，考虑到村民的文化水平较低的原因，团队成员采用"你问我答"的方式开展问卷调查。本次调研共发放问卷 114 份，收回有效问卷 110 份，样本有效率为 96.65%。

问卷共分为两部分，第一部分为被调研者的基本信息，包括姓名、性别、年龄、文化水平、家庭收入等基本的人口统计变量；第二部分为针对生态文明建设行为态度、生态文明建设主观规范、生态文明建设知觉行为控制、生态文明建设意愿和生态文明建设行为 5 个方面的潜变量指标。这 5 个潜变量指标用共计 21 个观测变量来度量，观测变量用 Likert 5 级量表来测量（表4-1）。每个观测变量表述分别为"完全不符合""不符合""一般""符合""完全符合"，分别用 1、2、3、4、5 来表示。每个潜变量所对应的观测变量及各个变量的统计性描述分析结果如表 4-2 所示。

表 4-1　调查样本的数据统计性描述

统计指标	分类指标	频数	比例（%）
性别	男	60	54.5
	女	50	45.5
年龄	25 岁以下	9	8.2
	25~40 岁	10	9.1
	41~60 岁	68	61.8
	60 岁以上	23	20.9
文化程度	小学及以下	52	47.3
	初中	41	37.3
	高中及中专	8	7.3
	专科	4	3.6
	大学本科及以上	5	4.5

统计指标	分类指标	频数	比例（%）
家庭人数（人）	1	6	5.3
	2	6	5.3
	3	6	5.3
	4	35	31.8
	5	19	17.6
	6	20	18.8
	7 及以上	18	15.9
家庭年收入（元）	1 万以下	64	58.5
	1 万～2 万	6	5.6
	2 万～3 万	13	11.8
	3 万～4 万	14	12.3
	5 万以上	13	11.8

4.3.2　调查样本的数据统计性描述

　　调研样本基本信息包括性别、年龄、文化程度、家庭人数、家庭年收入等内容。被调研对象的年龄总体偏大，60 岁以上的占到 19.1%，40 岁以上的占到 82.7%；小学及以下学历人数占比达到 47.4%，初中及以下学历占比达到 84.2%；年收入在 4 万元以下的家庭占到 88.6%。通过调研样本基本信息描述统计可以得到，现在居住在农村，从事农业种植的农民大部分是年龄偏大的老人，这部分群体由于文化水平较低、年龄较大，在城市里不能找到合适的工作，只能继续在农村从事农业活动。而年轻人基本上都是外出务工或者到城市里工作生活（表 4-1）。

　　由表 4-2 可以看出，除了知觉行为控制潜变量对应的 3 个观测变量的均值在 3 以下，其他潜变量对应的观测变量均值都在 3 以上，有些甚至达到了 4

以上。说明六盘水市传统村落的村民对参与生态文明建设基本上持有积极、主动的行为态度，愿意参与到生态文明建设的行动中来；但是村民对生态文明建设所需要付出的时间、精力、财力等方面的意愿和能力不太高，这可能与村民经济条件相对较差、农务比较繁忙有关，农民从事生态文明建设的能力比较差。

表 4-2　变量定义及统计性描述

类别	变量	变量说明	最小值	最大值	均值	标准差
行为态度 X_1	X_{11}	过量使用农药化肥会危害环境	1	5	3.50	1.221
	X_{12}	焚烧农作物秸秆会污染环境	1	5	3.23	1.137
行为态度	X_{13}	畜禽粪便随意排放会污染环境	1	5	3.37	1.241
	X_{14}	生态文明建设非常重要必须执行	1	5	4.01	1.052
主观规范 X_2	X_{21}	政府积极推进村落的生态文明建设	2	5	3.85	0.905
	X_{22}	家人赞成支持村落的生态文明建设	1	5	4.08	0.884
	X_{23}	亲戚、朋友赞成、支持村落的生态文明建设	2	5	3.98	0.809
	X_{24}	有关于生态环境保护、野生动物保护的法律法规	1	5	3.82	1.069
知觉行为控制 X_3	X_{31}	本人有进行生态文明建设的能力	1	5	3.27	1.016
	X_{32}	本人能够承担生态文明建设的费用	1	5	2.84	1.202
	X_{33}	本人能够承担生态文明建设过程中的风险	1	5	2.75	1.181
生态文明建设意愿 X_4	X_{41}	本人愿意花时间和精力进行村落的生态文明建设	1	5	3.48	0.980
	X_{42}	本人愿意在没有经济补偿的情况下参与生态文明建设	1	5	3.25	1.127
	X_{43}	本人愿意参与各种生态环境的保护活动	1	5	3.58	0.940
	X_{44}	本人愿意动员身边的人一起参与生态文明建设	1	5	3.59	0.967

类别	变量	变量说明	最小值	最大值	均值	标准差
生态文明建设行为 Y_5	Y_{51}	您家每年的化肥、农药的使用量在逐渐减少	1	5	3.48	1.169
	Y_{52}	您家每年的薄膜使用量在逐渐减少	1	5	3.91	1.209
生态文明建设行为 Y_5	Y_{53}	您家每年的有机肥、农家肥的使用量在逐渐增加	1	5	3.43	1.047
	Y_{54}	您在家中非常注意节约用水与节约用电	1	5	4.03	0.954
	Y_{55}	您不会随意乱扔垃圾、废弃物	2	4	4.04	0.813
	Y_{56}	您家的生活垃圾都有固定的堆放点和回收点	1	5	4.33	0.859

4.3.3　问卷分析

为了确保问卷量表的可靠性与质量，就必须对问卷量表进行信度、效度检验。信度主要是指测量结果的可靠性、一致性和稳定性，即测验结果是否反映了被测者的稳定的、一贯性的真实特征。效度是指问卷数据的真实性、准确程度。问卷数据只有通过了信度检验的问卷数据才可以进行下一步的实证分析。本文采用 SPSS 对调研问卷的 5 个潜变量和 21 个观测变量进行信度、效度分析，结果如下：

（1）信度分析

信度分析量化指标又称为信度系数，一般认为 Cronbach's Alpha 信度系数在 0.65 以下是不可信的，在 0.65～0.7 是可以接受的最低范围，0.7～0.8 是被认为相当好的，0.8～0.9 是被认为非常好的，而 0.9 以上则被认为问卷问题过于相近，或者一个被调查者回答了几份问卷。采用 SPSS 软件对计划行为理论模型中的 5 个潜变量（行为态度、主观规范、知觉行为控制、生态文明建设意愿、生态文明建设行为）共计 21 个观测变量进行信度分析，计算每个潜变量的 Cronbach's Alpha 信度系数，由表 4-3 得知，行为态度变量的信度系数为 0.699，主观规范变量的信度系数为 0.802，知觉行为控制变量的信度系数为 0.829，生态文明建设意愿变量的信度系数为 0.881，生态文明建设行为变量的信度系数为 0.680，可以判定该问卷调研收集的数据具有良好的信度。

表 4-3　信度分析

维　度	问题数量	Cronbach's Alpha 信度系数
行为态度	4	0.669
主观规范	4	0.802
知觉行为控制	3	0.829
生态文明建设意愿	4	0.881
生态文明建设行为	6	0.680

（2）效度分析——探索性因子分析

问卷只有经过信度分析通过之后，才能进行效度分析，本书采用 KMO 方法和 Bartlett 球体检验法对问卷数据的真实性进行检验。一般情况下，KMO 的取值在 0.6 以上可以认为问卷调研数据真实有效。由表 4-4 得出，无论是每个潜变量的 KMO 值，还是合计的 KMO 值都大于 0.5，Sig. 值为 0.000，小于 0.005，所有能够判定问卷调研数据具有良好的效度，调研数据非常可靠。

表 4-4　KMO 和 Bartlett 的检验

变量	取样足够度的 Kaiser-Meyer-Olkin 度量		0.681
行为态度	Bartlett 的球形度检验	近似卡方	70.513
		df	6
		Sig.	0.000

续表

变量	取样足够度的 Kaiser-Meyer-Olkin 度量		0.713
主观规范	Bartlett 的球形度检验	近似卡方	188.212
		df	6
		Sig.	0.000
变量	取样足够度的 Kaiser-Meyer-Olkin 度量		0.671
知觉行为控制	Bartlett 的球形度检验	近似卡方	145.417
		df	3
		Sig.	0.000
变量	取样足够度的 Kaiser-Meyer-Olkin 度量		0.841
生态文明建设意愿	Bartlett 的球形度检验	近似卡方	234.907
		df	6
		Sig.	0.000
变量	取样足够度的 Kaiser-Meyer-Olkin 度量		0.540
生态文明建设行为	Bartlett 的球形度检验	近似卡方	72.954
		df	15
		Sig.	0.000
合计	取样足够度的 Kaiser-Meyer-Olkin 度量		0.760
	Bartlett 的球形度检验	近似卡方	1051.381
		df	210
		Sig.	0.000

（3）模型整体适配度检验

模型适配度是检验理论模型与实际模型一致性的程度，适配度越高，表示理论模型与实际情况的吻合度越高。笔者运用 AMOS 软件，对理论模型进行适配度检验运算，并根据评价标准和软件运算结果，判断模型的整体适配度。根据表 4-5 数据结果可以得知，模型大部分指标都在可以接受的范围之内，说明模型的适配度相对较好，可以接受。

表 4-5　模型拟合评价标准、评价指数与模型适配度检验结果

拟合指数	评价指数	评价标准	标准化指标指数	适配判断
绝对拟合指数	CMIN/DF	≤ 3	1.893	理想
	RMR	≤ 0.05	0.114	不理想
	RMSEA	≤ 0.08	0.089	不理想
	GFI	≥ 0.8	0.784	理想
	AGFI	≥ 0.8	0.727	理想
相对拟合指数	NFI	≥ 0.8	0.696	不理想
	IFI	≥ 0.8	0.829	理想
	TLI	≥ 0.8	0.799	理想
	CFI	≥ 0.8	0.825	理想

4.3.4　相关性分析

为了探究农户的个人基本信息是否影响农户参与农村生态文明建设意愿和建设行为，笔者利用 SPSS 软件进行双变量相关性分析，探究农户的性别、年龄、文化程度、家庭人数四个自变量与参与农村生态文明建设意愿和建设行为的相互关系。根据表 4-6 可以得出，无论是在 0.05 水平或者 0.01 水平，农户的性别、文化程度、家庭人数、年龄四个自变量对是否参与农村生态文明建设意愿和建设行为都没有直接影响，两者之间没有直接关系。

表 4-6　农户基本信息与生态文明建设意愿、生态文明建设行为的相关性分析

性　别	Pearson 相关性	1				
	显著性（双侧）					
	N	114				

年　龄	Pearson 相关性	−0.106	1				
	显著性（双侧）	0.270					
	N	110	110				
文化程度	Pearson 相关性	−0.130	−0.397**	1			
	显著性（双侧）	0.168	0.000				
	N	114	110	114			
家庭人数	Pearson 相关性	0.196*	−0.110	0.030	1		
	显著性（双侧）	0.037	0.253	0.749			
	N	113	109	113	113		
生态文明建设意愿	Pearson 相关性	−0.019	−0.093	0.000	−0.007	1	
	显著性（双侧）	0.838	0.332	0.997	0.943		
	N	114	110	114	113	114	
生态文明建设行为	Pearson 相关性	0.030	−0.029	−0.048	0.199*	0.299**	1
	显著性（双侧）	0.754	0.761	0.610	0.034	0.001	
	N	114	110	114	113	114	114

注：1.* 在 0.05 水平（双侧）上显著相关。
　　2.** 在 0.01 水平（双侧）上显著相关。

4.3.5　结构方程模型及结果分析

（1）潜变量相关矩阵分析

对问卷数据进行整理，运用 SPSS 软件和 AMOS 软件对模型的潜变量的均值、标准差和各个潜变量的相关性进行分析，得出表 4-3。由表 4-3 数据得到，大部分潜变量之间存在显著相关性，其中行为态度、知觉行为控制与生态文明建设意愿在 0.01 水平存在正向相关关系；生态文明建设意愿与生态文明建设行为在 0.01 水平也存在正向相关关系；而主观规范与生态文明建设意愿之间不存在显著相关性（表 4-7）。

表 4-7　潜变量的均值及相关阵列

	行为态度	主观规范	知觉行为控制	生态文明建设意愿	生态文明建设行为
均值	3.53	3.93	2.95	3.48	3.87
标准差	1.16	0.92	1.13	1.00	1.01
生态文明建设意愿	0.38***	0.092	0.341**	—	0.83***

（2）路径结果分析及适配度评价

运用 AMOS 软件对测量模型拟合适配度进行检验分析，观测指标的荷载系数基本上通过了显著性检验。行为态度的 4 个观测指标标准化后的荷载系数分别为 0.38、0.40、0.44、0.90，其中第四个观测指标生态文明建设非常重要，必须执行对生态文明行为态度的影响最大；主观规范的 4 个观测指标标准化后的荷载系数分别为 0.55、0.94、0.85、0.48，其中观测指标家人赞成支持村落的生态文明建设、亲戚朋友赞成支持村落的生态文明建设对农户生态文明建设的主观规范的影响比较大，可以得出农户的生态文明行为受到家人、亲戚朋友的影响比较大；知觉行为控制的 3 个观测指标标准化后的荷载系数分别为 0.62、0.88、0.87，其中本人能够承担生态文明建设的费用、本人能够承担生态文明建设过程中的风险是知觉行为控制影响最大的因素；农村生态文明建设意愿的 4 个观测指标标准化后的荷载系数分别为 0.81、0.80、0.82、0.77，其中本人愿意花时间和精力进行村落生态文明建设、本人愿意在没有经济补偿的情况下参与生态文明建设、本人愿意参与各种生态环境的保护行动对农户参与农村生态文明建设的意愿影响比较大；农户参与生态文明建设行为的 6 个观测指标标准化的荷载系数分别为 0.09、0.23、0.29、0.48、0.64、0.53，其中您家每年的化肥、农药的使用量在逐渐减少、您家每年的薄膜使用量在逐渐减少、您家每年的有机肥与农家肥的使用在逐渐增加 3 个测量指标对生态文明建设行为的影响较小，建议在修正的模型中将这三个观测指标删除（表 4-8）。

表 4-8　测量方程拟合指标结果

观测变量	潜变量	标准化荷载系数	C. R. /t 值
（1）	行为态度	0.38***	3.568
（2）	行为态度	0.40***	3.551
（3）	行为态度	0.44***	3.941
（4）	行为态度	0.90***	3.651
（5）	主观规范	0.55***	4.392
（6）	主观规范	0.94***	5.255
（7）	主观规范	0.85***	5.279
（8）	主观规范	0.48***	5.316
（9）	知觉行为控制	0.62***	6.832
（10）	知觉行为控制	0.88***	9.909
（11）	知觉行为控制	0.87***	8.641
（12）	生态文明建设意愿	0.81***	9.257
（13）	生态文明建设意愿	0.80***	9.393
（14）	生态文明建设意愿	0.82***	9.764
（15）	生态文明建设意愿	0.77***	9.046
（16）	生态文明建设行为	0.09	0.713
（17）	生态文明建设行为	0.23	0.733
（18）	生态文明建设行为	0.29	0.717
（19）	生态文明建设行为	0.48**	0.718
（20）	生态文明建设行为	0.64**	0.738
（21）	生态文明建设行为	0.53**	0.714

注：***、** 与 * 分别表示在 1%、5%、10% 的显著性水平上显著。

同理，根据研究模型，运用 AMOS 软件对结构方程进行参数检验，结果如表 4-9 所示。从表 4-9 可以看出，非标准化的路径系数不能直接进行比较，需要将其标准化。在结构模型体系中，行为态度对生态文明建设意愿的标准化系数为 0.46，表明行为态度对生态文明建设意愿具有正向影响，积极的行为态度能够提高农民参与生态文明建设的意愿，假设 H1 成立；主观规范对生态文明建设意愿的标准化系数为 0.06，表明主观规范对生态文明建设意愿没有显著的相关性，农户家人朋友的支持并不能够正向影响农户参与生态文明建设的意愿，假设 H2 不成立；知觉行为控制对生态文明建设意愿的标准化系数为 0.45，表明知觉行为控制积极正向影响着农户参与生态文明建设的意愿，农户的知觉行为控制越强，农户参与生态文明建设的意愿就越强，假设 H3 成立；农户参与生态文明建设意愿与生态文明建设行为的标准化系数为 0.64，表明农户参与生态文明建设意愿与农户参与生态文明建设行为存在正相关关系，农户参与生态文明建设意愿越强烈，农户就越有可能参与农村生态文明建设行为，从事生态文明建设相关的活动，假设 H4 成立（图 4-3）

表 4-9　结构方程拟合指标结果

路径关系	未标准化路径系数	S.E. 值	C.R. 值	标准化路径系数	假设检验
行为态度 → 生态文明建设意愿	0.38	0.123	3.090	0.46***	支持
主观规范 → 生态文明建设意愿	0.09	0.222	0.413	0.06	不支持
知觉行为控制 → 生态文明建设意愿	0.34	0.077	4.441	0.45***	支持
生态文明建设意愿 → 生态文明建设意愿	0.08	0.112	0.742	0.64***	支持

注：***、** 与 * 分别表示在 1%、5%、10% 的显著性水平上显著。

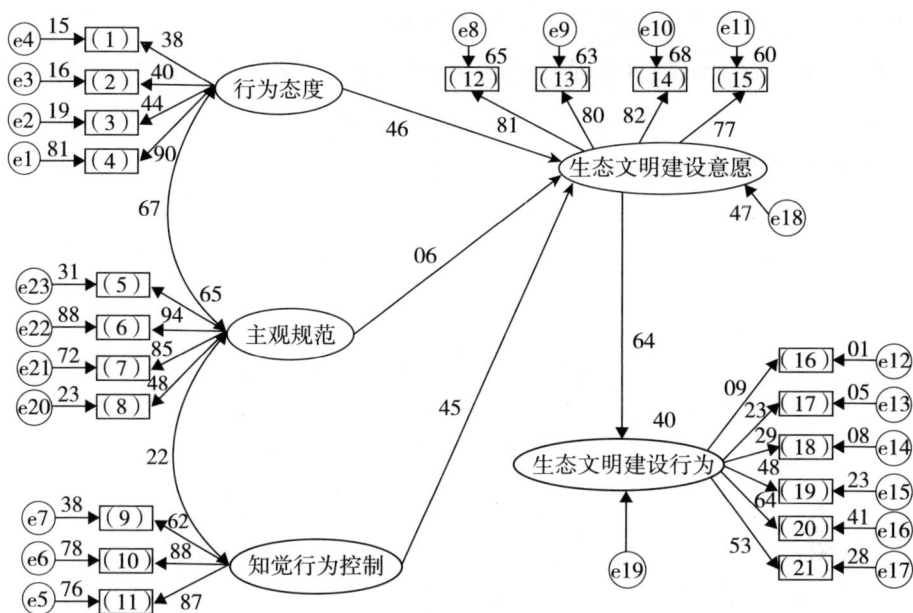

图 4-3　结构方程模型标准化估计系数图

4.3.6　结论与分析

本研究以计划行为理论为概念模型框架，通过对农户的生态文明态度、生态文明主观规范、生态文明知觉行为控制三个潜在自变量，生态文明建设意愿潜在中介变量和生态文明建设行为潜在因变量探究变量之间的关系，以及影响农户参与农村生态文明建设意愿和建设行为的影响因素。以六盘水市10个传统村落的村民随机抽取 114 份调研样本，论证了本文的研究假设。即积极的行为态度、较强的知觉行为控制对农户生态文明建设意愿有显著影响，农户生态文明建设意愿能够正向影响农户生态文明建设行为。基于此研究结果，针对贵州省六盘水市传统村落生态文明建设提出以下建议：

①积极改变农户对生态环境保护的态度。提升农民对生态环境的认识水平，努力通过各种手段让农民了解保护生态环境的重要性，认识生态环境恶化所带来的危害，哪些生产活动会带来消极、不利的影响。

②增强农民对农村生态文明建设的知觉行为控制。相关政府、社会等方面力量，应该带领村民走出一条乡村致富之路。提高农民的经济收入、减少农户在生态环境保护和生态文明建设过程中产生的费用和造成的相关风险，

从而增加农民生态文明建设的知觉行为控制能力。

③构建生态文明教育体系。让农民认识到生态文明建设在我国国家建设中的核心地位，就需要将生态文明教育纳入国民教育体系，这是提高国民生态文明认识水平的最有效途径。

第 5 章　六盘水市传统村落生态文明建设水平评价

5.1　农村生态文明建设的内容

已有很多学者对农村生态文明建设的内容做了大量研究，并总结归纳出农村生态文明建设的大致内容。本书在借鉴农业部下发的《"美丽乡村"创建目标体系》和生态环境部构建的《国家生态文明建设示范村镇指标（试行）》的基础之上，指出农村生态文明建设内容应至少包含 4 个方面：生态人居、生态产业、生态文化、能力保障。

生态人居方面包括村落的自然生态环境、村庄的村容村貌、和谐的邻里关系等内容；生态产业方面包括生态农业、生态企业、生态旅游等方面；生态文化方面包括村民的生态意识、乡风民俗、生态价值观等内容；能力保障方面包括生态环境保护法律法规、村规、家族制度、公共服务体系等内容。生态人居、生态产业、生态文化、能力保障 4 大系统是相互联系、相辅相成的。生态产业是前提，产业发展的好坏关系到村民的经济收入，是村民最关心的事情，也是村落生态文明建设的支撑力量；生态文化是村落生态文明建设的载体，能力保障是村落生态文明建设的助推器。只有四大系统相互促进，村落的经济产业协调发展，才能实现人与社会、人与自然、人与人的可持续良性循环。

5.2　六盘水市传统村落生态文明建设水平指标的确定

本文采用张董敏博士论文（《农村生态文明水平评价与形成机理研究》，2016）中的农村生态文明建设水平评价体系（图 5-1）。该评价体系分为 1 个一级指标（目标层），2 个二级指标（生态产业、生态人居、生态文化、能力保障），9 个三级指标（生态农业、生态企业、生态村庄、生态环境、基层民主、整体建设、生态农业建设、生态人居建设）和 34 个四级指标（测量指标）。三级指标生态农业包括其他农户农药化肥使用量、其他农户不焚烧秸秆、畜禽粪便无公害处理利用率、农贸废弃物回收利用率、生态农业发展状况共 5 个测量指标；生态企业包括养殖场对污水粪便的处理、养殖场治污设施的运行状态、本村企业对环境的污染共 3 个测量指标；生态村庄包括农户日常消费行为生态化、农户生活废弃物处理生态化、清洁能源入户率共 3 个测量指标；

生态环境包括空气受污染度、河流受污染度、土壤受污染度、本村生态环境现状共4个测量指标；生态文化包括农户素质、居民生态文明意识2个测量指标；基层民主包括农户参与投票、村务透明、农户对村委及镇政府满意度共3个测量指标；整体建设包括本村生态环境问题受重视程度、环境整治力度、生态文明建设投入、生态文明知识宣传教育共4个测量指标；生态农业建设包括农业水利等基础设施、秸秆回收利用设施、组织生态农业技术培训、沼气池建设补贴、废弃物无公害处理利用补贴、农资店等回收农资废弃物、有机构来收购秸秆畜禽粪便共7个测量指标；生态人居建设包括道路等基础设施、生活垃圾定点存放统一清运、生活污水集中处理共3个测量指标。

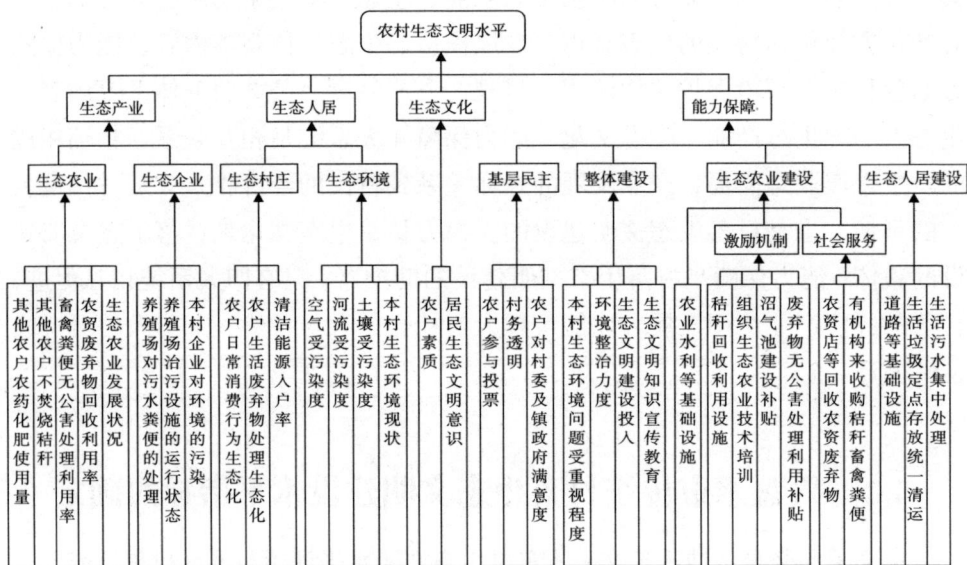

图5-1　以农户为评价主体的农村生态文明建设水平评价指标体系

5.3　六盘水市传统村落生态文明建设水平指标权重的确定

本文采用张董敏博士论文（《农村生态文明水平评价与形成机理研究》，2016）中的农村生态文明建设水平评价的指标权重（加法集成加权法）（表5-1）。加法集成加权法避免了层次分析法的主观性，权重确定综合了主客观因素，权重体系更加丰富。

表 5-1　以农户为评价主体的农村生态文明建设水平评价指标权重的确定

一级指标	二级指标	三级指标	测量指标	权重（D）	权重（C）	权重（B）
村落生态文明建设水平 A	生态产业 B₁	生态农业 C₁	其他农户农药化肥使用量 D_1	0.034568	0.214187	0.254895
			其他农户不焚烧秸秆 D_2	0.06944		
			畜禽粪便无公害处理利用率 D_3	0.023668		
			农贸废弃物回收利用率 D_4	0.018926		
			生态农业发展状况 D_5	0.067585		
		生态企业 C₂	养殖场对污水粪便的处理 D_6	0.007271	0.040708	
			养殖场治污设施的运行状态 D_7	0.015558		
			本村企业对环境的污染 D_8	0.017879		
	生态人居 B₂	生态村庄 C₃	农户日常消费行为生态化 D_9	0.014332	0.087119	0.216328
			农户生活废弃物处理生态化 D_{10}	0.029781		
			清洁能源入户率 D_{11}	0.043006		
		生态环境 C₄	空气受污染度 D_{12}	0.025076	0.129209	
			河流受污染度 D_{13}	0.048625		
			土壤受污染度 D_{14}	0.033185		
			本村生态环境现状 D_{15}	0.022323		

一级指标	二级指标	三级指标	测量指标	权重（D）	权重（C）	权重（B）
村落生态文明建设水平 A	生态文化 B_3	C_5	农户素质 D_{16}	0.010493	0.032007	0.032007
			居民生态文明意识 D_{17}	0.021514		
	能力保障 B_4	基层民主 C_6	农户参与投票 D_{18}	0.005868	0.022765	0.49677
			村务透明 D_{19}	0.006918		
			农户对村委及镇政府满意度 D_{20}	0.009979		
		整体建设 C_7	本村生态环境问题受重视程度 D_{21}	0.018840	0.069089	
			环境整治力度 D_{22}	0.018234		
			生态文明建设投入 D_{23}	0.020801		
			生态文明知识宣传教育 D_{24}	0.011214		
		生态农业建设 C_8	农业水利等基础设施 D_{25}	0.023671	0.336587	
			秸秆回收利用设施 D_{26}	0.018205		
			组织生态农业技术培训 D_{27}	0.086001		
			沼气池建设补贴 D_{28}	0.083617		
			废弃物无公害处理利用补贴 D_{29}	0.071236		
			农资店等回收农资废弃物 D_{30}	0.007687		
			有机构来收购秸秆畜禽粪便 D_{31}	0.046170		
		生态人居建设 C_9	道路等基础设施 D_{32}	0.007057	0.068329	
			生活垃圾定点存放统一清运 D_{33}	0.033574		
			生活污水集中处理 D_{34}	0.027698		

5.4　六盘水市传统村落生态文明建设水平指标的赋值及问卷设计

本项目以六盘水市传统村落的当地居民为调研对象，根据其生态文明建设水平的评价体系（表5-2）设计调查问卷。问卷包括两部分，第一部分为为被调查者的基本信息，包括姓名、性别、年龄、文化水平、家庭收入等信息，第二部分为被调查者对村落生态文明建设水平的评价，共计34个观测指标。这34个观测指标采用李克特五分量表测量，用1、2、3、4、5 五个分值去表示村落生态文明建设的水平，分值越高，生态文明建设的水平越高。考虑到当地村民的文化水平不高，团队成员采用"你问我答"的方式对随机抽到的村民进行问卷调查，并按照村民的回答做真实详细的记录。

表 5-2　以农户为评价主体的农村生态文明建设水平评价指标体系赋值

一级指标	二级指标	三级指标	测量指标	赋　值
村落生态文明建设水平 A	生态产业 B_1	生态农业 C_1	其他农户农药化肥使用量 D_1	很多＝1，较多＝2，一般＝3，较少＝4，很少＝5
			其他农户不焚烧秸秆 D_2	完全不符合＝1，不符合＝2，一般＝3，符合＝4，完全符合＝5
			畜禽粪便无公害处理利用率 D_3	很低＝1，较低＝2，一般＝3，较高＝4，很高＝5
			农贸废弃物回收利用率 D_4	很低＝1，较低＝2，一般＝3，较高＝4，很高＝5
			生态农业发展状况 D_5	很差＝1，较差＝2，一般＝3，较好＝4，很好＝5
		生态企业 C_2	养殖场对污水粪便的处理 D_6	随意排放＝1，部分排放＝2，堆放＝3，部分利用＝4，完全利用＝5
			养殖场治污设施的运行状态 D_7	无设施＝1，不运行＝2，偶尔运行＝3，经常＝4，一直＝5
			本村企业对环境的污染 D_8	很重＝1，较重＝2，一般＝3，较轻＝4，无＝5

一级指标	二级指标	三级指标	测量指标	赋　值
村落生态文明建设水平 A	生态人居 B₂	生态村庄 C₃	农户日常消费行为生态化 D_9	完全不符合＝1，不符合＝2，一般＝3，符合＝4，完全符合＝5
			农户生活废弃物处理生态化 D_{10}	完全不符合＝1，不符合＝2，一般＝3，符合＝4，完全符合＝5
			清洁能源入户率 D_{11}	很低＝1，较低＝2，一般＝3，较高＝4，很高＝5
		生态环境 C₄	空气受污染度 D_{12}	很重＝1，较重＝2，一般＝3，较轻＝4，无＝5
			河流受污染度 D_{13}	很重＝1，较重＝2，一般＝3，较轻＝4，无＝5
			土壤受污染度 D_{14}	很重＝1，较重＝2，一般＝3，较轻＝4，无＝5
			本村生态环境现状 D_{15}	很差＝1，较差＝2，一般＝3，较好＝4，很好＝5
	生态文化 B₃	C₅	农户素质 D_{16}	很差＝1，较差＝2，一般＝3，较好＝4，很好＝5
			居民生态文明意识 D_{17}	很差＝1，较差＝2，一般＝3，较好＝4，很好＝5

一级指标	二级指标	三级指标	测量指标	赋　值
村落生态文明建设水平 A	能力保障 B_4	基层民主 C_6	农户参与投票 D_{18}	完全不符合＝1，不符合＝2，一般＝3，符合＝4，完全符合＝5
			村务透明 D_{19}	完全不符合＝1，不符合＝2，一般＝3，符合＝4，完全符合＝5
			农户对村委及镇政府满意度 D_{20}	很低＝1，较低＝2，一般＝3，较高＝4，很高＝5
		整体建设 C_7	本村生态环境问题受重视程度 D_{21}	很低＝1，较低＝2，一般＝3，较高＝4，很高＝5
			环境整治力度 D_{22}	很低＝1，较低＝2，一般＝3，较高＝4，很高＝5
			生态文明建设投入 D_{23}	很少＝1，较少＝2，一般＝3，较多＝4，很多＝5
			生态文明知识宣传教育 D_{24}	很少＝1，较少＝2，一般＝3，较多＝4，很多＝5
		生态农业建设 C_8	农业水利等基础设施 D_{25}	很差＝1，较差＝2，一般＝3，较好＝4，很好＝5
			秸秆回收利用设施 D_{26}	很少＝1，较少＝2，一般＝3，较多＝4，很多＝5
			组织生态农业技术培训 D_{27}	很少＝1，较少＝2，一般＝3，较多＝4，很多＝5
			沼气池建设补贴 D_{28}	很少＝1，较少＝2，一般＝3，较多＝4，很多＝5
			废弃物无公害处理利用补贴 D_{29}	很少＝1，较少＝2，一般＝3，较多＝4，很多＝5
			农资店等回收农资废弃物 D_{30}	完全不符合＝1，不符合＝2，一般＝3，符合＝4，完全符合＝5
			有机构来收购秸秆畜禽粪便 D_{31}	完全不符合＝1，不符合＝2，一般＝3，符合＝4，完全符合＝5

续表

一级指标	二级指标	三级指标	测量指标	赋　值
村落生态文明建设水平 A	能力保障 B_4	生态人居建设 C_9	道路等基础设施 D_{32}	很差 = 1，较差 = 2，一般 = 3，较好 = 4，很好 = 5
			生活垃圾定点存放统一清运 D_{33}	完全不符合 = 1，不符合 = 2，一般 = 3，符合 = 4，完全符合 = 5
			生活污水集中处理 D_{34}	完全不符合 = 1，不符合 = 2，一般 = 3，符合 = 4，完全符合 = 5

5.5　六盘水市传统村落生态文明建设水平评价的实证研究

5.5.1　六盘水市传统村落生态文明建设水平评价描述性统计分析

由表 5-3 可知，传统村落生态文明建设水平的 34 个测量指标的均值基本上在 2~4，可以判断目前农村的生态文明建设水平一般，还有很大的提升空间。其中均值较高的测量指标有空气受污染度、土壤受污染度、本村生态环境现状、农户参与投票、生活垃圾定点存放统一清运 5 个，其均值都在 3.7 以上，表明在当地农民的视角下，目前六盘水市传统村落的生态环境质量良好，村民生态意愿较强，村落基础生活垃圾处理设施齐全，达到村民的心理预期。

表 5-3　以农户为评价主体的农村生态文明水平评价指标体系描述性统计分析

测量指标	最小值	最大值	均　值	标准差
其他农户农药化肥使用量 D_1	1	5	2.91	1.094
其他农户不焚烧秸秆 D_2	1	5	3.09	1.216

测量指标	最小值	最大值	均　值	标准差
畜禽粪便无公害处理利用率 D_3	1	5	3.16	1.035
农贸废弃物回收利用率 D_4	1	5	2.95	1.038
生态农业发展状况 D_5	1	5	2.78	1.037
养殖场对污水粪便的处理 D_6	0	5	2.76	1.112
养殖场治污设施的运行状态 D_7	1	5	2.91	0.996
本村企业对环境的污染 D_8	1	5	2.96	1.100
农户日常消费行为生态化 D_9	1	5	3.04	1.004
农户生活废弃物处理生态化 D_{10}	1	5	3.04	0.949
清洁能源入户率 D_{11}	1	5	2.60	1.288
空气受污染度 D_{12}	2	5	4.11	0.791
河流受污染度 D_{13}	1	5	3.70	1.038
土壤受污染度 D_{14}	1	5	3.81	1.003
本村生态环境现状 D_{15}	1	5	3.98	0.841
农户素质 D_{16}	1	5	3.28	1.009
居民生态文明意识 D_{17}	1	5	3.28	1.141
农户参与投票 D_{18}	1	5	3.75	1.079
村务透明 D_{19}	1	5	3.63	0.989
农户对村委及镇政府满意度 D_{20}	1	5	3.38	0.990
本村生态环境问题受重视程度 D_{21}	1	5	3.32	0.962
环境整治力度 D_{22}	1	5	3.25	0.929

测量指标	最小值	最大值	均 值	标准差
生态文明建设投入 D_{23}	1	5	3.04	0.896
生态文明知识宣传教育 D_{24}	1	5	3.08	0.979
农业水利等基础设施 D_{25}	1	5	3.31	1.049
秸秆回收利用设施 D_{26}	1	5	2.48	1.154
组织生态农业技术培训 D_{27}	1	5	2.89	1.188
沼气池建设补贴 D_{28}	1	5	2.25	1.143
废弃物无公害处理利用补贴 D_{29}	1	5	2.37	1.091
农资店等回收农资废弃物 D_{30}	1	5	2.20	1.057
有机构来收购秸秆畜禽粪便 D_{31}	1	5	2.23	1.255
道路等基础设施 D_{32}	1	5	3.72	1.093
生活垃圾定点存放统一清运 D_{33}	1	5	3.78	1.111
生活污水集中处理 D_{34}	1	5	2.69	1.277

5.5.2 信度与效度分析

判断调研问卷设计的合理性和调研数据收集的科学性，需要通过信度与效度的检验分析。一般情况下认为在信度检验中，Cronbach's Alpha 信度系数在 0.65 以下是不可信的，在 0.65~0.7 是可以接受的最低范围，0.7~0.8 是被认为相当好的，0.8~0.9 是被认为非常好的。在效度分析中，KMO 的取值在 0.6 以上（有些只要求 0.5 以上）即可以认为问卷调研数据真实有效，数据结果如表 5-4 所示。

由表 5-4 可以得出，六盘水传统村落生态文明建设水平质量的评价体系和测量结果具有良好的信度与效度。其中评价体系的四大子系统（生态产业、生态人居、生态文化、能力保障）的 Cronbach's α 值分别为 0.691、0.741、

0.871、0.865，除生态产业的值为 0.691 外，其余系数全部大于 0.7，体现了调研数据具有非常好的信度；在效度检验方面，四大子系统 KMO 值分别为 0.724、0.752、0.5、0.834，除了生态文化指标的 KMO 值为 0.5 以外（也可以接受），其他指标的 KMO 值全部在 0.7 以上，体现了非常好的效度。

表 5-4　以农户为评价主体的农村生态文明建设水平评价指标体系信度、效度分析

一级指标	二级指标	三级指标	Cronbach's α	KMO 值 (Bartlett's 检验)
村落生态 文明建设 水平 A	生态产业 B_1	生态农业 C_1	0.691	0.724
		生态企业 C_2		
	生态人居 B_2	生态村庄 C_3	0.741	0.752
		生态环境 C_4		
	生态文化 B_3	C_5	0.871	0.671
	能力保障 B_4	基层民主 C_6	0.865	0.834
		整体建设 C_7		
		生态农业建设 C_8		
		生态人居建设 C_9		

5.5.3　六盘水市传统村落生态文明建设水平评价结果

前面章节已经计算出六盘水市传统村落生态文明建设水平各个指标的权重和实际得分，利用加权求和的方法计算出指标体系中每个指标的最终得分，把每个指标的最终得分相加得到六盘水市传统村落生态文明建设水平的最终得分。

$$V = \sum_{i=1}^{n} C_i W_i$$

V 为六盘水市传统村落生态文明建设水平综合得分；C_i 为生态文明建设水平指标体系中各个指标的实际得分；W_i 为生态文明建设水平指标体系中各个指标的权重值；n 为生态文明建设水平指标体系中的指标数量。

由表 5-5 与图 5-2 得知，以农户为评价主体，考虑各个测量指标的权重，六盘水市传统村落生态文明建设水平评价体系中的测量指标最终得分基本位于 0.02~0.25 分。其中得分较高的测量指标有农业水利等基础设施、生活污水集中处理、养殖场对污水粪便的处理、生活垃圾定点存放统一清运、生态农业发展状况、本村企业对环境的污染、组织生态农业技术培训、生态文明建设投入、养殖场治污设施的运行状态、环境整治力度、本村生态环境问题受重视程度共 11 个指标，其得分都在 0.10 分以上。

表 5-5　以农户为评价主体的农村生态文明水平测量指标得分

测量指标	权重	实际得分	最终得分
其他农户农药化肥使用量 D_1	0.034568	2.91	0.05
其他农户不焚烧秸秆 D_2	0.06944	3.09	0.05
畜禽粪便无公害处理利用率 D_3	0.023668	3.16	0.04
农贸废弃物回收利用率 D_4	0.018926	2.95	0.09
生态农业发展状况 D_5	0.067585	2.78	0.11
养殖场对污水粪便的处理 D_6	0.007271	2.76	0.10
养殖场治污设施的运行状态 D_7	0.015558	2.91	0.18
本村企业对环境的污染 D_8	0.017879	2.96	0.13
农户日常消费行为生态化 D_9	0.014332	3.04	0.09
农户生活废弃物处理生态化 D_{10}	0.029781	3.04	0.03
清洁能源入户率 D_{11}	0.043006	2.60	0.07
空气受污染度 D_{12}	0.025076	4.11	0.02
河流受污染度 D_{13}	0.048625	3.70	0.03
土壤受污染度 D_{14}	0.033185	3.81	0.03
本村生态环境现状 D_{15}	0.022323	3.98	0.06

测量指标	权重	实际得分	最终得分
农户素质 D_{16}	0.010493	3.28	0.06
居民生态文明意识 D_{17}	0.021514	3.28	0.06
农户参与投票 D_{18}	0.005868	3.75	0.03
村务透明 D_{19}	0.006918	3.63	0.08
农户对村委及镇政府满意度 D_{20}	0.009979	3.38	0.05
本村生态环境问题受重视程度 D_{21}	0.018840	3.32	0.25
环境整治力度 D_{22}	0.018234	3.25	0.19
生态文明建设投入 D_{23}	0.020801	3.04	0.17
生态文明知识宣传教育 D_{24}	0.011214	3.08	0.02
农业水利等基础设施 D_{25}	0.023671	3.31	0.10
秸秆回收利用设施 D_{26}	0.018205	2.48	0.03
组织生态农业技术培训 D_{27}	0.086001	2.89	0.13
沼气池建设补贴 D_{28}	0.083617	2.25	0.07
废弃物无公害处理利用补贴 D_{29}	0.071236	2.37	0.05
农资店等回收农资废弃物 D_{30}	0.007687	2.20	0.05
有机构来收购秸秆畜禽粪便 D_{31}	0.046170	2.23	0.04
道路等基础设施 D_{32}	0.007057	3.72	0.09
生活垃圾定点存放统一清运 D_{33}	0.033574	3.78	0.11
生活污水集中处理 D_{34}	0.027698	2.69	0.10
总得分	3		

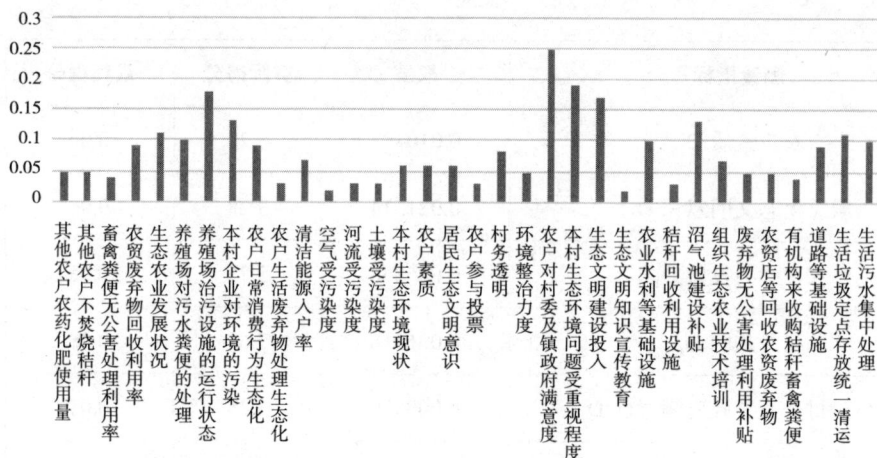

图 5-2 以农户为评价主体的农村生态文明建设水平评价指标最终得分

由于本次对村落生态文明建设水平的评价是基于农户视角下，采用李克特量表进行打分，即最小值为 1，最大值为 5。即农村生态文明水平评价指标体系各测量指标的目标值与各测量指标权重值经过综合测算后的总水平值的目标值均为 5。所以为了更加方便、直观地分析六盘水市传统村落生态文明建设水平的高低，本文参照了张董敏的分级方法（张董敏，2016），将农村生态文明建设水平质量划分为如下等级，如表 5-6 所示。

表 5-6 以农户为评价主体的农村生态文明建设水平等级划分

等级	生态文明建设分值	生态文明建设水平等级
I	≥ 4.50	优
II	3.75 ～ 4.50	良
III	3.00 ～ 3.75	中上
IV	2.25 ～ 3.00	中
V	1.50 ～ 2.25	中下
VI	<1.50	差

　　根据表 5-6 农村生态文明建设水平等级的划分规定，六盘水市传统村落生态文明建设水平的最终得分为 3 分，位于第三个等级，评定为中上。可以看出，目前六盘水市传统村落农民对本村生态文明建设水平相对满意，给出了正向、积极的评价。

第 6 章　六盘水市传统村落的保护与发展思路

6.1　保护与发展的原则

6.1.1　系统完整性

生态文明建设强调系统性，强调人与自然、人与社会、人与人之间的和谐发展。生态产业、生态人居、生态文化与能力保障作为生态文明建设的核心内容，需要把四大子系统综合起来考虑。首先，要做到保护当地的自然生态环境，比如山、水、田、林等要素，保留村落原本的村落肌理、村落格局，尽可能做到人与自然和谐共生；其次，要大力保护村落的物质文化遗产和非物质文化遗产，保护当地的民风民俗文化、保护当地的传统建筑和构筑物，促进村落的生态文化建设；再次，要大力发展生态产业，注重当地第二产业和第三产业的发展，努力建设绿色经济、循环经济，走出一条独具特色的可持续发展道路。

6.1.2　低干扰性

从生态文明的视角出发，对传统村落的保护与开发并不能简单地照搬照抄城市化的那一套模式，不能采用大拆大建、粗放推倒重建的方式。而应该在保证当地村民日常生产生活及传统建筑的原真性的基础上，采用"低干扰性"的原则进行开发。比如生态产业方面，村落中养殖禽畜就不能按照大型养殖场的方式进行（精细化与智能化管理、饲料的长期使用），而是采用散养、放养的方式进行，让禽畜与当地的自然生态环境、物质循环结合起来，把经济产业朝着自然、生态、环保等方面靠拢，这样才能提高村落经济产品的竞争力。在景观构成要素方面，不能把传统建筑全部推倒，建造成模式统一的砖混平房，而是应该在尽量保护传统建筑原汁原味的前提下，进行适当的修复、更新，使其焕发新的活力与生机。在植物要素方面，不能为了所谓的美观，大量引进外来树种，进行大规模的"大树移植"活动，而应该尽可能运用当地的本土植物去营造具有地方特色的景观。

6.1.3　活态传承性

传统村落的更新设计、整治应该做到保留和传承当地的传统场景。以往的物质文化遗产的保护很多是原封不动地保存，这就导致这些具有重要文化价值的物质文化遗产不能与时俱进，在当前的社会背景下发挥更大的作用。在生态文明的视角下，我们应该以"活态"保护为原则，注重传统村落文化遗产的活态性与传承性，让其在当前"美丽乡村"建设过程中发挥积极的作用。比如，对非物质文化遗产传承人以及掌握传统建筑营造工艺、熟知民风民俗事务的个体给予大力支持；通过举办民族文化活动或庆典，为游客和村民提供原真性的生产生活场景来传承当地的文化习俗。

6.1.4　可承载性

针对传统村落的保护与开发，应该考虑当地环境的承载能力，重视传统村落的生态安全和环境容量。在传统村落的规划设计过程中，对传统村落人口规模的设定必须考虑当地的水资源、土地资源、耕地资源等，以保证该村落良性、可持续的发展。在一些发展乡村旅游的传统村落中，必须进行游客的容量控制。如果超过村落人口容量的游客一起涌入村落，会造成大量生活垃圾、交通堵塞、酒店爆满、人满为患等一系列生态环境问题，甚至造成严重的恶性事件。这些都与我们生态文明建设的目的背道而驰。

6.2　保护与发展的策略

6.2.1　保护生态环境

中国传统村落的选址和村落布局基本上与周边的山水搭配得十分巧妙，村落整体上与大自然是和谐共生的关系。村落与自然山水的融合、建筑与地形的契合、传统植物与建筑的搭配、村落交通与地势走向的配合，这些都体现着村民与当地大自然和谐相处。针对目前农田污染、水质下降、自然山体裸露等生态环境质量下降的现象，我们应该加强对基本农田的永久性保护，恢复村落河流水体的自然属性，保护当地村落的山水格局。

6.2.2　打造生态建筑

虽然生态建筑概念的提出较晚，但是中国传统村落中古建筑却蕴含着深刻的生态建筑理念与思想。各地劳动人民在长期的生活实践与总结中，结合当地的自然生态条件，形成了各具特色的居住形式。比如陕北地区的窑洞就是当地居民根据气候特点和土壤特性创造的独特建筑形式；西南贵州地区的民居建筑形式也是当地居民对地理气候条件的主动适应，创造出了顺应山势建筑爬坡、顺山就势分层筑台、利用高差掉层吊楼、利用地形分层入户等丰富多样的建筑形式。这些传统民居与自然山水的完美结合体现出深刻的生态文明哲理，在建筑规划设计过程中值得借鉴和推广。

6.2.3　发展生态经济

传统村落的保护必须是活化的保护，而不能是博物馆式的保护，传统村落的活化就必须为农民增加就业机会，创造就业条件，为农民增加可持续的经济收入。在生态文明的视角下，要尊重生态原理、经济发展规律，合理开发自然生态资源，发展符合当地条件的生态经济，努力建设一个良性循环的生态经济发展模式。

目前将传统村落打造成特色乡村旅游景点是一种有效的发展模式。但由于定位不准、管理不善等原因，也逐渐暴露出很多弊端，比如传统村落千篇一律没有特色，过度商业化导致原有的传统风貌消失，长时间超负荷的游客造成的环境污染破坏等。因此，发展生态经济，就必须以生态文明理念为准则，科学合理规划生态农业、生态服务业、生态乡村旅游业等。把相关经济活动组成一个"资源—产品—再生资源"的循环式体系，实现低开采、高利用、低排放的可持续生态经济发展模式。

6.2.4　优化生态管理

生态管理以"人"为主体，注重人的心理习惯、身心需求，要求做到管理主体生态化、管理过程生态化、管理效益生态化。在传统村落生态管理过程中，尝试对传统村庄规划进行"逆向规划"，先划定或控制村庄的非建设用地（水域、自然林地等），再规划村落的建设用地；在村落生态管理过程中，管理模式可以由"自上而下"变为"自下而上"，管理任务由安排变为引导，充分尊重村民的意见，协调好村落管理者与村民的关系，做到人与人和谐相处。

6.2.5　完善人居环境

传统村落的人居环境包括"硬环境"与"软环境"两个方面。硬环境包括一切看得见摸得着，为居民生产生活提供各种物质生活的总和，包括居住建筑环境、周围生态环境、基础公共服务设施三项内容；软环境包括生活方便程度与舒适度、居民安全感与归属感等无形的内容。

6.2.6　弘扬生态文化

文化是乡村可持续发展的根基，基于生态文明视角下，就必须传承与保护村落文化，保护村落的民风民俗、民族精神、民族艺术等，上述内容也都是村落生态文化的范畴。因此，六盘水市传统村落生态文化的保护，必须遵循以下要求：如雕刻、手工艺、农民画等工艺类传统文化，力争做到生产性保护，保证这些工艺技术的生产性与经济性；对于传统民族音乐、民族舞蹈、地方文学等文化进行传承性保护；对村落里的传统节日、宗族仪式、民俗活动、名人名事进行社会性保护。

第 7 章　六盘水市传统村落保护与发展措施

　　笔者在生态文明的视角下，从生态环境保护、生态人居打造、生态建筑建造、生态经济产业发展、生态文化营造、生态管理改善等方面出发，为六盘水市传统村落的保护与发展提供可以参考的措施。

7.1　维系村落空间格局，保护村落生态环境基底

7.1.1　村落各类用地红线的控制

　　六盘水市地处喀斯特山区，地形复杂，传统村落大多坐落在大山之中或大河附近，在保护当地传统村落的过程中需要非常重视对村落格局有重要影响的自然山体水体，保护山体之间、山体与村落之间的空间关系。比如在进行传统村落规划设计、保护与更新的过程中，注意生态保护红线的范围，禁建区或限建区的划定范围。如六枝特区戛陇塘村，将村落的各类用地红线进行明确划分，做到不擅自占用和改变基本农田性质、严格控制生态保护红线、各项建设活动不得破坏村庄的整体环境和村落风貌（图 7-1）。

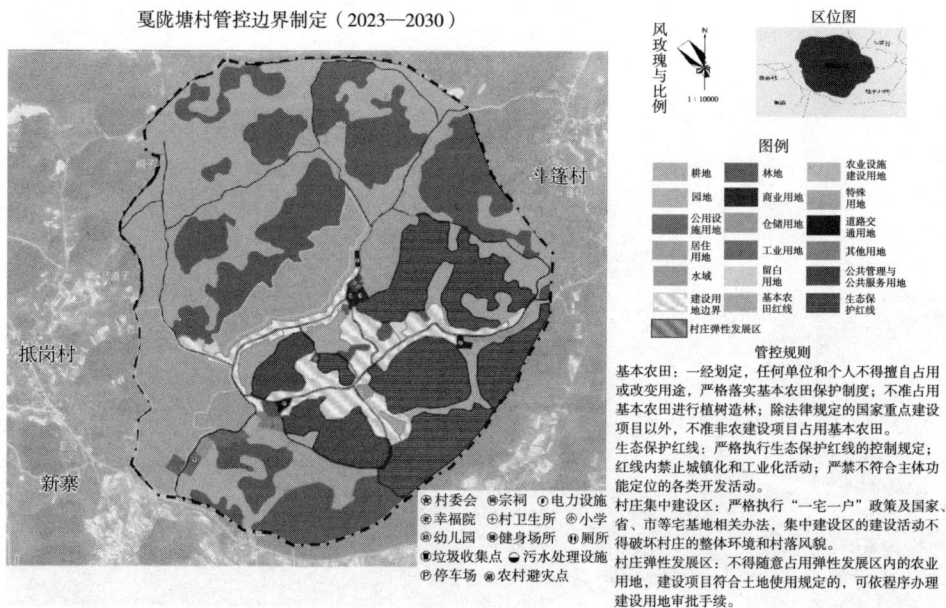

图 7-1　戛陇塘村用地控制图

7.1.2　田园风光的保护与利用

拥有良好的自然田园风光，是传统村落必备的条件，也是农耕文化的重要展现。因此要保护好村落的基本农田、耕地的面积，防止被侵占或改为他用。这也是目前国土空间规划中关于"三区三线"（三区是指生态空间、农业空间、城镇空间；三线是指生态保护红线、永久基本农田保护红线、城镇开发边界三条控制线）的内在要求。六盘水市市域内的传统村落所在地地势以山地居多，耕地和农田很多是沿着山体等高线分布，呈现出非常漂亮的梯田景观（图7-2、图7-3）。比如，六枝特区长湾村长田组坐落于山水之间，有着优美的自然田园风光和悠久的历史文化，村民世代以种植水稻为生，现阶段也在大力发展樱桃种植，加上生态宜居的自然环境和淳朴的民族风情，可以立足打造绿色农业发展和生态旅游的示范性村庄。通过采用划定保护区的方法，对长田组的村落格局、村落整体风貌进行控制，将长田组划分为核心保护区、建设控制区、环境协调区三个区域，以达到保护的目的（图7-4）。

图7-2　天门村新寨的梯田景观

图 7-3　长湾村长田组的梯田景观

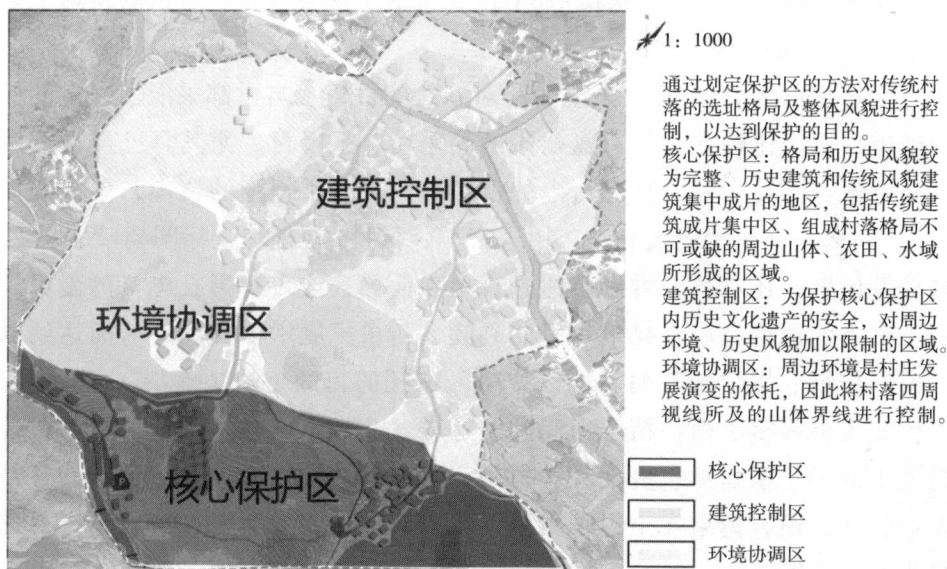

1：1000

通过划定保护区的方法对传统村落的选址格局及整体风貌进行控制，以达到保护的目的。

核心保护区：格局和历史风貌较为完整、历史建筑和传统风貌建筑集中成片的地区，包括传统建筑成片集中、组成村落格局不可或缺的周边山体、农田、水域所形成的区域。

建筑控制区：为保护核心保护区内历史文化遗产的安全，对周边环境、历史风貌加以限制的区域。

环境协调区：周边环境是村庄发展演变的依托，因此将村落四周视线所及的山体界线进行控制。

核心保护区

建筑控制区

环境协调区

图 7-4　长湾村长田组空间保护规划

7.1.3　古树、名树的保护与利用

据中国有关部门规定，一般树龄在百年以上的大树即为古树。古树分为

国家一、二、三级，国家一级古树树龄为 500 年以上，国家二级古树树龄为 300~499 年，国家三级古树树龄为 100~299 年；而那些在历史上或社会上有重大影响的中外历代名人、领袖人物所植或者具有极其重要的历史、文化价值、纪念意义的树木即为名树。一个普通村落可能因为一棵或一定数量的古树、名树而变得远近闻名，一棵或一定数量的古树、名树也可能因为生长在村落里被发掘、保护和利用。生长在村落里的古树、名树不仅见证了村落的成长、变迁，是村落自然生态环境系统的重要组成部分，而且可能是村民的精神信仰和寄托。对于生长在村落里的古树、名树，应该严格保护，并对其挂牌、设立护栏及保护标识语；同时将古树、名树保护纳入村落遗产保护的范畴。对于可能受到大风、火灾、暴雪、病虫害、自然生长条件恶劣、人为破坏等不良因素影响的古树、名树，应该立即采取有针对性的保护措施。比如对容易受大风、暴雪影响而倒伏的古树、名树应及时设置稳固的支架；对营养不良的树木进行挂袋输液，病虫害的清除；防止村民或者游客随意砍伐、乱涂乱刻。目前六盘水市 10 个传统村落中存有古树、名树的村落主要有盘州市妥乐村、乐民村、陆家寨村。

目前，六盘水市 10 个传统村落对本村的古树、名树都采取了一定的保护措施，保护比较完整的有盘州市的妥乐村、乐民村。尤其是已经被开发成旅游景点的妥乐村，针对村内的古银杏树进行了仔细的梳理，单独的保护。对村内一些树龄较大的银杏树进行挂牌保护，在挂牌上标明树龄、树高、胸径等信息，还对部分古银杏树进行单独命名，或表达男女忠贞的爱情、君子高尚的道德品质、兄弟邻里的和睦、祈求家庭幸福美满，从而达到以"树"传情、以"树"明智、以"树"寄托的目的（图 7-5），这与中国古代文人墨客赋予植物精神内涵的表达方式一致。同时，妥乐村对古银杏树还采取了"家庭承包责任制"，每户农户负责一片区域古银杏树的日常养护管理，银杏树果实（银杏白果）也归对应的农户所有，由农户自行进行收集、销售。

六盘水市其他传统村落对古树、名树的保护可以参考妥乐村相关的保护措施，将本村的古树、名树作为村内的核心景观资源对待，并尝试以古树、名树这样的核心景观资源为契机，提升本村的知名度，争取得到政府、社会等各方面的支持与关注，为村落的产业发展提供更多的机会（图 7-6~图 7-8）。

（a）古银杏"晨练"

（b）古银杏"杏隐蔽户"

（c）古银杏"执子之手"

（d）古银杏"双飞燕"

（e）古银杏"清癯居士"

（f）古银杏"情投意合"

（g）古银杏"君子树"　　　　　　　　　（h）古银杏"兄弟连心"

图7-5　妥乐村古银杏树别具一格的名字

图7-6　乐民村的古银杏树

图 7-7　陆家寨村的榕树

图 7-8　妥乐村的古银杏树

7.2 打造乡土景观，塑造特色景观风貌

7.2.1 乡土植物的运用

植物是园林景观的主要构成要素之一，乡土植物是指在没有人为影响的条件下，经过长期物种选择与演替后，对特定地区生态环境具有高度适应性的自然植物区系的总称。它们能够适应当地的环境条件，其生理、遗传、形态特征与当地的自然条件相适应，是当地村落自然生态环境的重要组成部分。乡土植物与当地村民的生产生活有着密切关系，村民在长期的生产生活中，与本地乡土植物达成了和谐共生的关系。尤其是在少数民族聚居的贵州，村民在与大自然数千年的相处过程中，已经学会将乡土植物运用到药用、食用、染料、景观打造等生活的各个方面。

在村落生态景观的打造过程中，应该以"乡土树种为主，外来树种为辅"的原则，坚持以本地乡土植物为主要树种，注重乔木、灌木、地被、花卉等观赏植物种类的搭配。同时注重发挥乡土植物的生态效益（防风固沙、涵养水分、净化空气与水质），充分展现村落景观的地方特色（表7-1）。

表7-1 六盘水传统村落代表性乡土植物

种类	植物名称
观赏乔木	香樟、银杏、苏铁、垂柳、油松、水杉、柿树、桂花、玉兰、槭树、槐树、冬青、雪松、悬铃木、桑树
观赏灌木	杨梅、石楠、夹竹桃、荚蒾、南天竹、小檗、忍冬
观赏花卉	山茶花、杜鹃花、月季、蔷薇、菊花、报春花、美人蕉、车轴草、芭蕉、百合、中国兰花
水生观赏植物	三白草、鱼腥草、芦苇、蒲苇、千屈菜、水葱、水鳖、红蓼、慈姑等

种类	植物名称
药用植物	蓼属植物(酸模叶蓼、红蓼、水蓼、丛枝蓼、珠芽蓼、拳参、圆穗蓼、草血竭、尼泊尔蓼等)、永思小檗、水城淫羊藿、水城翠雀花、灰叶吊石苣苔、红果五指莲、桔梗科植物(胀萼蓝钟花、小花党参、大花金钱豹、长叶轮钟花、西南风铃草、沙参、球果牧根草、同钟花、线萼山梗菜、铜锤玉带草)等
食用植物	蕨类植物(问荆、节节草、笔管草、瓶尔小草、福建观音座莲、紫萁类、食蕨、毛轴蕨、凤尾蕨、水蕨等)、罗汉果、橄榄、山葡萄、算盘子、拐枣、野地瓜、地稔、野牡丹、野板栗、野柿子、火棘、刺梨、乌饭子、马齿苋、金刚藤、苋菜、兔儿菜、香椿、鱼腥草、狗肝菜、乌饭树等
染料植物	一串红、木麻黄、苦参、槐树、苏木、桃金粮、紫草、酸模、水蓼、杨梅、地榆、地刷子、石松、紫杉、太阳花、狼把草、一只黄花、苍耳、乌饭树、密蒙花、茜草等

7.2.2　水系景观的设计

　　水是园林景观一种非常重要的构成要素,在景观设计中主要有静水和动水两种形式。六盘水市传统村落水资源分布不均衡,长湾村长田组、妥乐村、陆家寨村和水塘村有河流穿过或常年出水口,这些村的水资源比较丰富,而天门村、高兴村由于处于山脊或山顶,水资源相对匮乏。在调研过程中发现村内河流已经存在一定污染,主要是生活垃圾、白色垃圾,是缺乏定期清理维护造成的。针对拥有不同水资源情况的传统村落,笔者认为可以采用生态技术对河流进行治理,同时开发利用好水景观资源,尽可能利用水资源提升和改善村落的景观生态环境和村民的生活质量。比如把水塘村乌都河一分为二,将上段河流引水入村流入大部分人家,最后汇入沉淀池,净化后排出村子,这样不仅起到生态净化水体的作用,村落各户人家用水也比较方便,同时村落也因为有了"活水"而变得有生机活力;将下段河流打造成沿岸滨水景观,采用阶梯式布局增添亲水乐趣。增加休憩设施石桌、石凳等,铺装上采用青石板和青砖铺贴,配合大树点缀,犹如一幅生动的古画（图7-9、图7-10）。

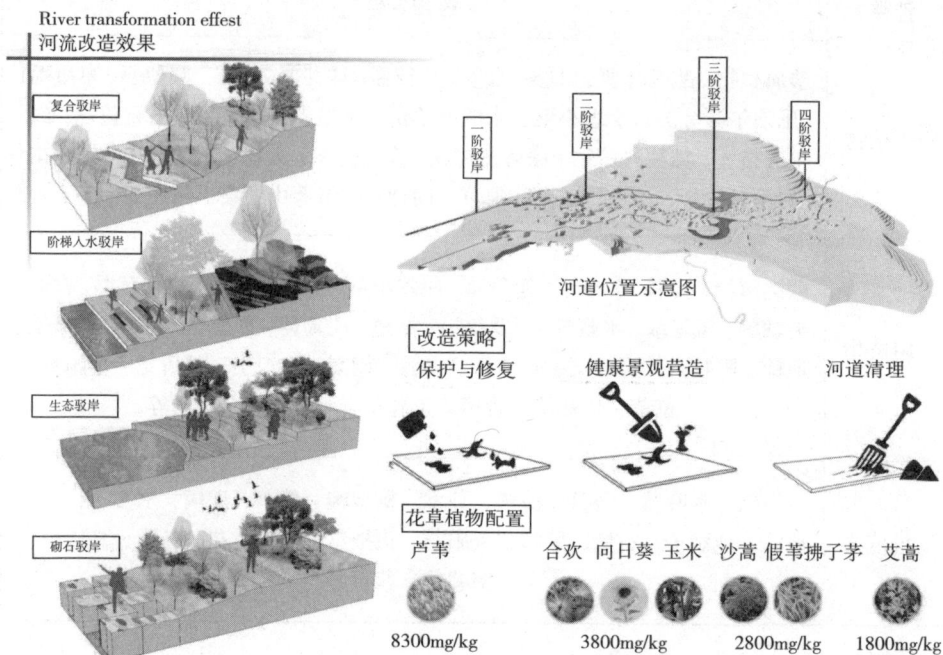

图7-9 水塘村水系景观规划设计

图7-10 水塘村驳岸景观规划设计

7.2.3　景观小品乡土化

生态文明要求景观规划设计者要打造本土性、地域性、特色性的景观小品。因此，传统村落的景观小品设计必须充分考虑贵州省六盘水市的地域文化特色、尊重和还原当地居民原有的生产方式和生活习惯，并充分考虑当地文化遗产的保护与传承，将乡土文化、民风民俗、文化遗产融入村落景观小品的设计中去。

（1）农耕景墙设计

在设计中，提取村民用牛耕地的场景，对其进行抽象运用于农耕景墙的设计，使乐民村农耕文化得到传承的同时提升农耕博物馆前的景观性（图 7-11）。

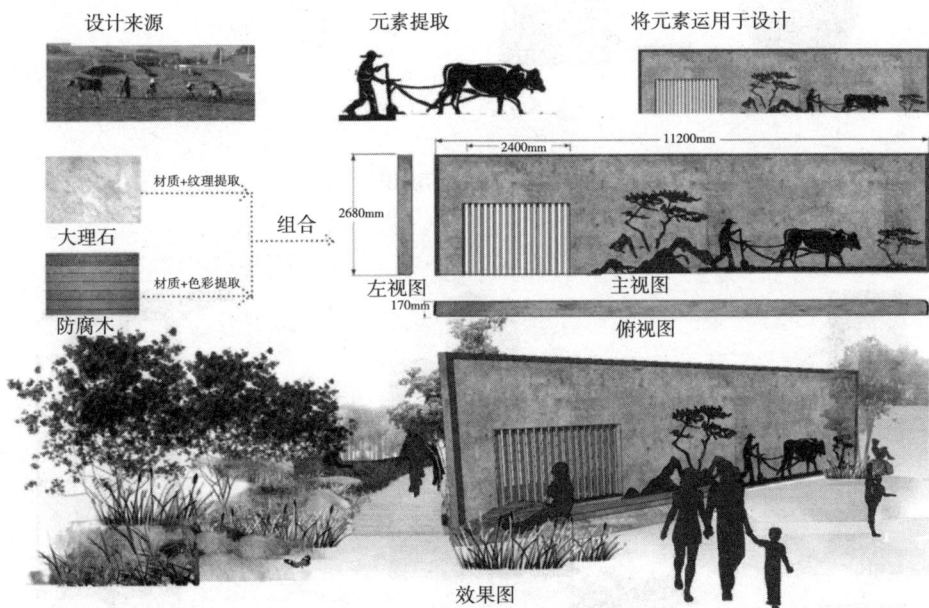

图 7-11　农耕景观墙设计

（2）标识小品设计

在设计中，将传统村落具有代表性的要素结合起来进行重新组合，设计出具有地方特色、民族元素的标识系统。比如在水塘村景观小品设计方案中，将村落中现存的仓库建筑屋顶形式、四合院天井和木雕的花窗样式结合起来，创造出一种新型的景观标识系统（图 7-12）；在乐民村景观小品设计方案中，

将当地的木材、青砖、陶罐和灰瓦结合起来，创造出一种新式景观标识系统
（图 7-13、图 7-14）。

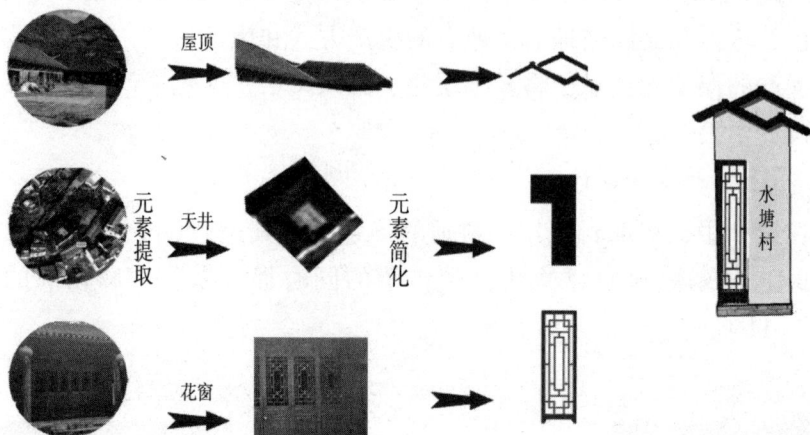

图 7-12 景观标识设计

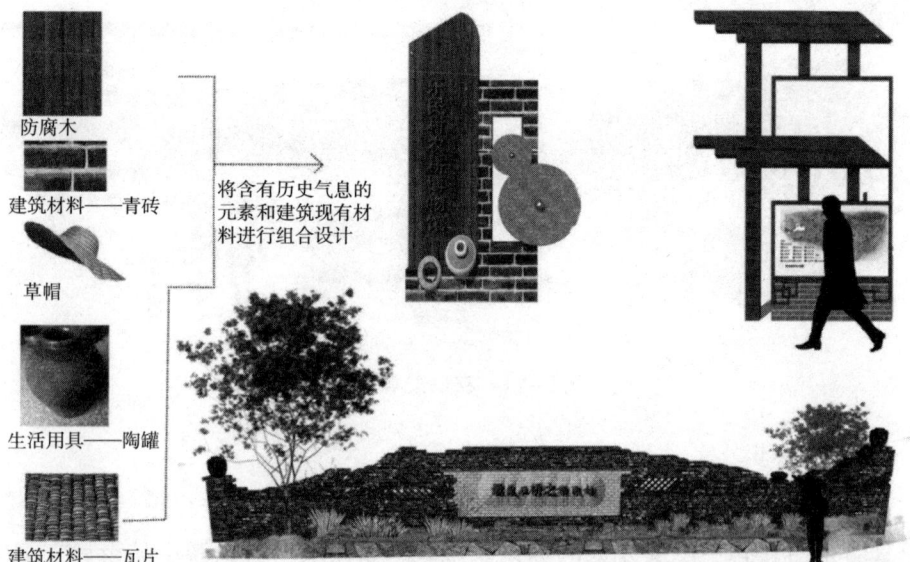

图 7-13 景观标识设计

蜡染染缸

当地石材

布依族刺绣

图 7-14　景观小品—垃圾桶设计

7.3　延续生态空间，设计结合自然

7.3.1　符合地域特色的营造技术

生态文明视角下的建筑营造要求要做到不破坏周边的自然生态环境、不过度依赖外来能源的输入、与周边环境和谐、能够长时间满足当地居民日常生产生活需求。六盘水市地处云贵川三省交界地带，独特的气候特点、民族文化、自然地形地貌特点造就了独特的传统建筑营造方式，项目成员在实地调研六盘水市 10 个传统村落的过程中，认为当地居民能够合理利用当地自然资源、建造符合居民居住的建筑形式，达到了自然和谐共处的效果。只是由于城市化的进程，传统建筑逐渐衰落。因此在进行现代建筑营造过程中，可以借鉴传统建筑营造中关于建筑选址、建筑格局空间划分、建筑保温隔热等方面的做法（表 7-2）。

表7-2 六盘水市传统村落古建筑营造特点

村名	民族	古建筑组合样式	营造方式	建筑材料	建筑细部装饰
高兴村	苗族	单栋式三开间	穿斗式	石材、木材、青瓦、草席	简洁的屋脊装饰
天门村	布依族	单栋式、联排式干栏式建筑	穿斗式	木材、青瓦、土坯砖	简洁的屋脊装饰
妥乐村	汉族	单栋式、联排式、四合院、三合院	穿斗式	木材、青瓦	建筑细部构造装饰精美,有窗木雕、倒挂楣子木雕、美人靠木雕等
大中村	汉族、苗族	单栋式、联排式	穿斗式	石材、木材、青瓦	简洁的屋脊装饰
陆家寨村	布依族	单栋式、联排式	穿斗式	木材、石材、青瓦	简洁的屋脊装饰、墙面纹理多变
长湾村长田组	布依族	单栋式、联排式	穿斗式	石材、木材、青瓦	屋脊装饰精美、墙面纹理多变
乐民村	汉族、彝族等	单栋式三开间	穿斗式	木材、青砖、青瓦	柱基装饰、倒挂楣子装饰
鹅毛寨村	汉族	单栋式、联排式	穿斗式	石材、木材、青瓦	简洁的屋脊装饰
水塘村	汉族	单栋式、联排式	穿斗式	木材、石材、青砖、青瓦	屋脊装饰精美、护栏木雕
夏陇塘村	汉族	单栋式、联排式、三合院、四合院、L型	穿斗式	木材、石材、青瓦、土坯砖	简洁的屋脊装饰

7.3.2 生态建筑策略的利用

生态建筑是根据当地的自然生态环境,运用生态学、建筑技术科学的基本原理和现代科学技术手段等,合理安排并组织建筑与其他相关因素之间的关系,使建筑和环境之间成为一个有机体,同时具有良好的室内气候条件和较强的生物气候调节能力，以满足人们的居住生活，使人、建筑与自然生态环境之间形成一个良性循环系统。

传统建筑的保护与利用过程中，应该尽可能应用生态建设策略。多采用绿色能源，如地热能、太阳能、沼气能等，尽量减少外来能源的输入，降低传统建筑的能量消耗。

（1）水资源利用

应该充分发挥中国古建筑对雨水的收集与利用的成功经验。利用安徽江南民居独特的院落布局形成"四水归堂"的院落格局，将雨水收集到院落的池塘保存以便再次利用；在院落中设置排水系统和排污系统，分别将雨水和生活污水分别收集到村中的雨水收集设施和污水收集设施，经过净化后再次利用；院落的铺装采用透水材料，减少地表径流，让雨水渗透到地下并储存起来，以备旱季植物生长的需要（宋军宝，2018）。

（2）能源利用

应该充分利用太阳能资源，在建筑屋顶和墙面安装太阳能装置来满足建筑内部的用电需求，在村落中的干道上安装太阳能路灯，减少对电能的依赖程度（太阳能的运用方式主要有 3 种：太阳能热水器的运用、太阳能取暖、太阳能照明）。其次，沼气作为一种既能产生电能又能生产农家有机肥的生态化设备，应该进一步在农村中推广利用。

（3）建筑保温隔热

目前贵州乡村建筑在建筑保温隔热方面主要着眼于建筑屋顶，有以下三种方式：屋顶蓄水隔热，利用水的比热容比较大，能够储存较多的能量，防止温度升高或降低过快。屋顶植被绿化，在屋顶种植一些低矮的植被或者蔬菜，减少热量的传递。在屋顶设立架空层形成空气对流，将上层的热空气通过空气对流带走热量的方式达到隔热的效果。

（4）传统建筑改造

在对传统建筑的改造过程中，应该考虑建筑的通风、采光的问题。可以通过阳台、天井、门窗的对流增加建筑内部空气的流动。可以在室内布置喜阴的植被，营造自然亲和的室内小环境（图 7-15）。

（5）挖掘本土建筑材料

根据对六盘水市传统村落的实地调研，村落中传统建筑的建造材料主要有木材、石材、黏土、青砖等。其中，木材主要作为建筑的骨架材料和屋顶构筑材料；而石材、青砖和黏土主要为建筑墙体的砌筑材料，主要起到围合建筑空间的作用。上述建筑材料主要取自当地，既能降低运输成本，又能体现地方特色，有效维护本地区的自然生态平衡。

在生态文明视角下，建筑材料的运用要体现生态化、环保化、可持续性、特色性等特点。

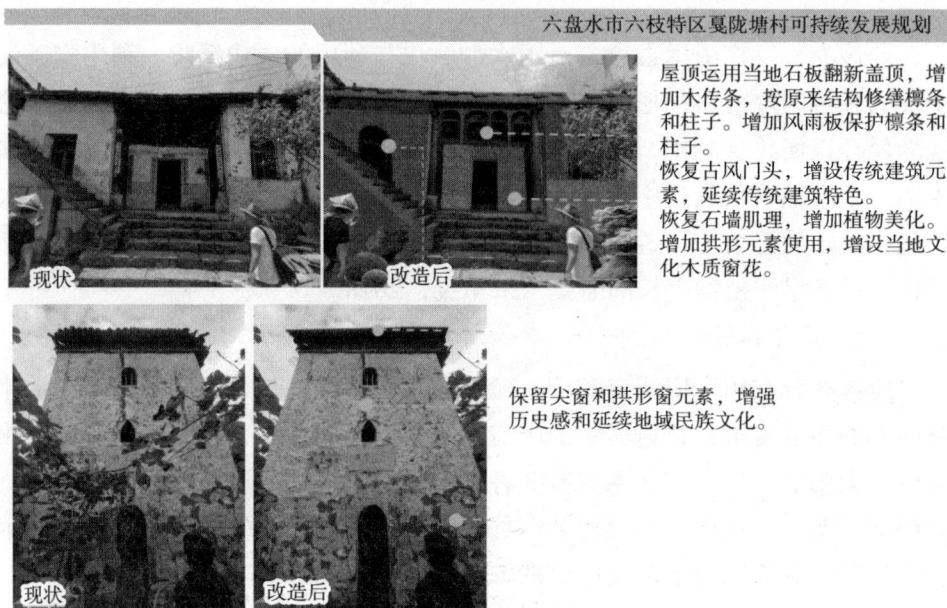

图 7-15　戛陇塘村传统建筑改造方案

7.4　村落肌理与街巷格局的延续性

7.4.1　村落格局的延续性

由于村落选址的地形地貌不同，造就了各不相同的村落格局，进一步影响着村落建筑的布局，最终形成不一样的村落肌理。六盘水市传统村落有以下几种肌理模式。

（1）线型式

该类村落一般沿着河流或山谷成线型发展，民居建筑一般布置在河流一侧或两侧，或沿着山谷地形的走势布置。

（2）组团式

该类村落由于受多变的地形影响，其建筑呈多个组团式发展。整个村落由若干个大小不一的组团构成。

（3）聚集式

此类村落所在地形相对平整开阔，村落的建筑密度和建筑规模一般比较大。

7.4.2　村落街巷肌理的整理

村落的街巷是整个村落的空间骨架，是村落各类空间的主导力量。六盘水市传统村落街巷有以下几种类型。

（1）串联式

此类村落大多由若干个组团构成，组团之间的街巷主干道串联起来，街巷干道也成为村落的空间骨架。

（2）方格网式

该类村落的地势相对平坦，街巷空间布局讲究轴线对称，大多呈现规则的方格网状。

（3）自由式

此类村落大多坐落于地形复杂多变的地区。村落居民建筑一般根据地形条件随机布置，建筑与周边环境融为一体，成为环境的一部分。

随着现代交通工具在农村的普及，传统街巷空间正面临着交通工具改变的冲击。在对传统村落街巷道路的改造过程中，应该根据不同的道路类型，采用现代道路硬化材料（一般为水泥和沥青）和传统道路铺装材料（青砖、石板）相结合的方式。这样既能够满足当代交通工具的需求，又不破坏传统村落风貌。

7.5　打造特色产业，发展适合本地的经济模式

传统村落的保护应该是一种活态保护，在保护村落文化遗产的同时，需要合理利用生态环境资源，发展符合本地的经济模式。从生态文明的视角出发，结合六盘水市传统村落各自的实际情况，可以总结归纳为以下几种模式。

7.5.1 生态农业产业模式

生态农业是按照生态学原理和经济学原理，运用现代科学技术成果和现代管理手段，以及传统农业的有效经验建立起来的，能获得较高的经济效益、生态效益和社会效益的现代化高效农业。它要求把发展粮食与多种经济作物生产结合起来，把发展大田种植与林、牧、副、渔业结合起来，把发展大农业与第二、三产业结合起来，利用传统农业精华和现代科技成果，通过人工设计生态工程协调发展与环境之间、资源利用与保护之间的矛盾，形成生态与经济两个良性循环，经济、生态、社会三大效益的统一。如六枝特区长湾村传统村落，根据村落产业发展现状，可以大力推进村落生态产业的发展，拓展产业的多样性，打造生态种植、农产品加工、农业观光采摘等多类型产业链（图 7-16）。

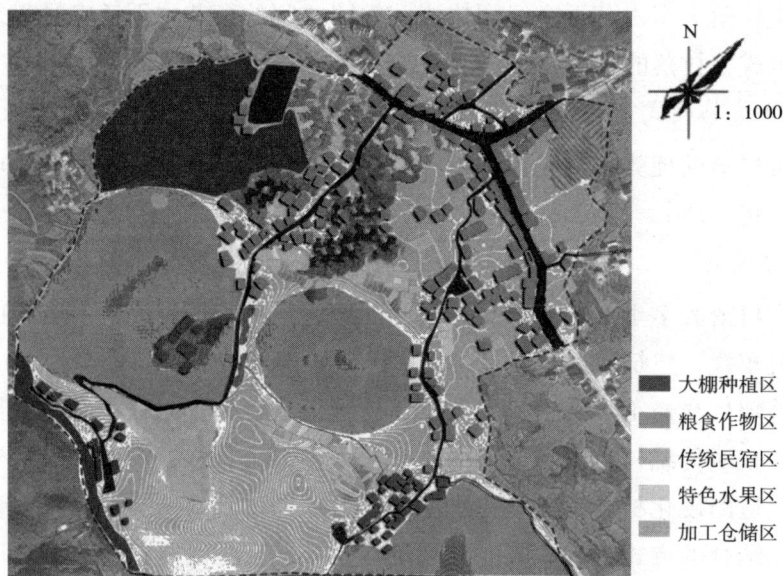

图 7-16 长湾村农业产业布局规划

调研团队在考察妥乐村的过程中，不少村民从事蜜蜂养殖。值得推广的是为了体现生态环保，养殖蜜蜂的蜂箱就地取材，用当地木材制作。农户用蜂蜜和当地野生的刺梨手工制作刺梨蜜柑，然后售卖给游客或者网络售卖，增加农户的收入（图 7-17）。同时，由于当地野生刺梨生长茂盛，农户也会在刺梨采收的时节上山采摘野生刺梨，经过清洗、手工切片、晾晒等环节，制作成刺梨干、刺梨蜜饯。由于刺梨含有丰富的糖、有机酸、16 种氨基酸、多种维生素和多种矿物质及特殊芳香分，具有祛痰止咳、清热镇静、开胃消食、增强免疫力等功效，非常受游客的喜爱（图 7-18）。

图 7-17　妥乐村农户用木材制作的蜂箱和养蜂基地

图 7-18　妥乐村农户对野生刺梨进行清洗和晾晒

7.5.2 乡村生态旅游产业模式

进入 21 世纪，乡村生态旅游逐渐发展成为一种深受年轻人喜爱的旅游模式。它是指"发生在乡村区域的，以农业产业为支撑的、以乡村环境和典型的乡村生态旅游资源为吸引物而开展的一种以生态旅游为理念的乡村旅游活动"，以田园风光、农事参与、民俗体验为主要形式。传统村落由于具有较好的文化、艺术、历史等价值，是构成乡村生态旅游的重要组成部分。比如六盘水市盘州市的陆家寨村和妥乐村，由于村内生长了数量众多的古榕树和古银杏树，逐渐发展为一个集乡村旅游、文化体验、休闲观光、乡村度假为一体的美丽乡村（图 7-19、图 7-20）。

图 7-19　陆家寨村乡村旅游定位

产业发展模式 ■——————————————————————————————————————

模式：本次规划将文化与休闲旅游体验相结合，创建"文化+"的文化旅游产业发展模式。通过文化主线与旅游节点的串联，形成四种类型的体验。

文化+艺术=品文化	文化+休闲=趣文化	文化+体验=享文化	文化+衍生品=悦文化
文化性的户外休闲空间	主题化的村落体验空间	情感化的心灵疗养空间	趣味化的乡村生活产品

品文化：通过写生基地的打造及观景平台的构建，为摄影爱好者及绘画者提供文化性的户外休闲空间。

趣文化：利用传统村落的景观与文化资源，通过旅游项目的策划，形成主题化的村落空间，为游客提供步移景异的体验感。

享文化：充分利用村落静谧的气氛以及古朴的气息，为游客提供心灵的洗礼与净化的空间。

悦文化：充分利用"互联网+"，实现对乡村旅游服务产品的推广，加大对布依族米酒、蜡染、手工纺织等旅游衍生品的开发力度，实现从第一产业向第三产业的转变。

图 7-20　长湾村产业发展模式定位

7.6　引入生态技术，提高资源的利用效率

7.6.1　村落固体垃圾的处理

村落的固体垃圾主要包括生活垃圾、农业废弃物垃圾、建筑垃圾、旧电器垃圾、白色塑料等人造产品垃圾。田春英（2010）对天津市农村垃圾的种类和占比进行调查，了解到在居民生活垃圾中灰土垃圾占 40%，厨余垃圾占 30%，纸类、塑料、玻璃、金属垃圾占 10%。目前村民对农村固体垃圾的处理比较粗放，比如将厨余垃圾喂畜禽，将一些可以回收的垃圾当作废品出售，将那些不能回收的固体垃圾随意堆放在路旁、树林间、房前屋后，甚至将一些废弃的农药瓶随意丢弃。这些行为不仅影响村落的生态环境、村容村貌，更对村民的生活质量和饮水安全造成威胁。马力（2015）以循环经济理念为指导，提出在交通不发达的农村地区建立"户定点、组分类、村处理、镇监管、县检查"模式。在生态文明的视角下，根据不同的固体垃圾，采用不同的手段，本着"无害化、减量化、资源化"的处理原则，建立一种生态的农村固体垃圾处理模式。

（1）村落生活垃圾

相对于城市生活垃圾的复杂多样和健全的管理体系，农村生活垃圾以堆

腐垃圾为主,存在生活垃圾处理设施不完善、垃圾收集管理体系不健全和村民乱扔垃圾不良习惯等弊端。根据农村生活垃圾成分含量的特点,可以建立好氧堆肥和厌氧堆肥设施将生活厨余垃圾转化成有机农家肥重新利用,达到垃圾就地资源化的目的。迟迅(2019)以山东省部分农村的生活垃圾为研究对象,采用被动式垃圾堆肥房的方法,阐述了其堆肥工艺,并提出其结构、组成、生产工艺流程和污染控制方法(图7-21、图7-22)。

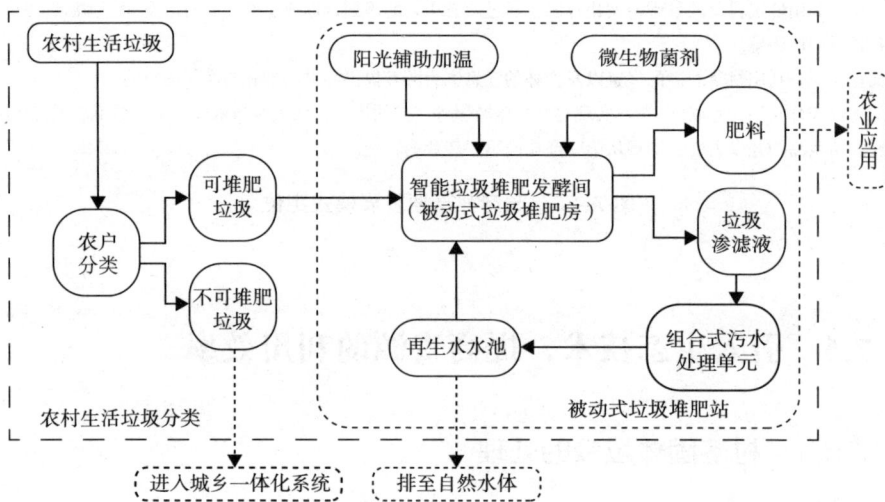

图7-21 被动式垃圾堆肥房生产工艺流程

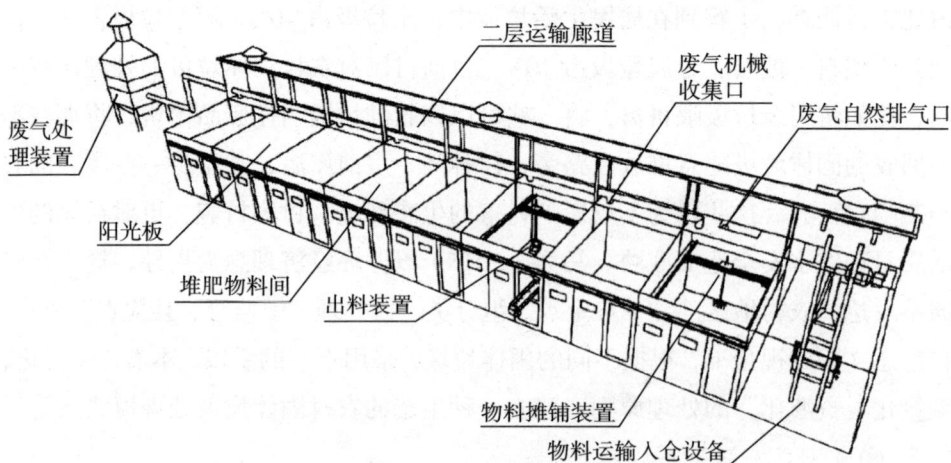

图7-22 被动式垃圾堆肥房结构设备示意图

（2）村落建筑垃圾

随着新农村建设的推进，越来越多的传统建筑和危房被推倒重建，从而产生大量建筑垃圾，主要包括木材、瓦片、青砖、石材、混凝土、钢筋等。目前建筑垃圾大部分没有经过处理就随意露天堆放或者填埋，不仅占用宝贵的土地，而且污染土壤环境和水资源，影响村容村貌。从生态文明角度出发，首先我们需要从源头控制建筑垃圾的产生，从总量上控制农村建筑垃圾的输入量。其次是加强农村建筑垃圾的资源化利用，促进新农村建设（图 7-23）。比如，将废弃的砖、瓦、石、混凝土等废料粉碎后制作成细料，代替建筑砂料重新利用（图 7-24）。将废弃的砖、瓦、石等材料用于园林景观的铺装，或制作成各类园林景观小品（樊魁，2012；田洪臣，2018）。

（a）用废弃的石材、瓦片为
建筑材料砌筑的挡墙

（b）用废弃的木材、瓦片为
建筑材料构造的栅栏

（c）用废弃的啤酒瓶砌筑的景观小品　　（d）用废弃的瓷器建造的景观小品

图 7-23　农村建筑垃圾的循环利用

图 7-24 妥乐村用废弃的树干铺设的园路

（3）村落农业垃圾

农业垃圾是指在农业生产、农产品加工、畜禽养殖等过程中产生的废弃物的总称。目前我国对农业废弃物的管理比较混乱，对农业废弃物的利用也比较粗放。比如存在废弃物利用技术落后、利用率低、处理方式不科学造成二次污染等问题。从生态文明角度出发，可以从农业废弃物能源化、饲料化、肥料化和复合材料加工化等方面着手。遵循"循环使用"的原则，构建生产—生活—生态—生命一体化协调发展的"四位一体"农村发展模式（李敏，2012）。

7.6.2 村落雨污水的处理与利用

农村雨污水一般包括生活污水、生产污水和雨水。生活污水包括厨房污水、洗漱污水和厕所污水三类；生产污水包括禽畜排放污水、农药化肥污水两类。在有条件的情况下，村落污水应该采用分流制的排放方式，根据不同的污水类型，通过排污管道集中到村污水处理站。从生态文明视角出发，村民应该提高村落雨污水的循环利用，从建筑布局、雨水收集储存设施、雨污水净化技术及设备等多方面出发，提高雨污水的利用率（图 7-25）。

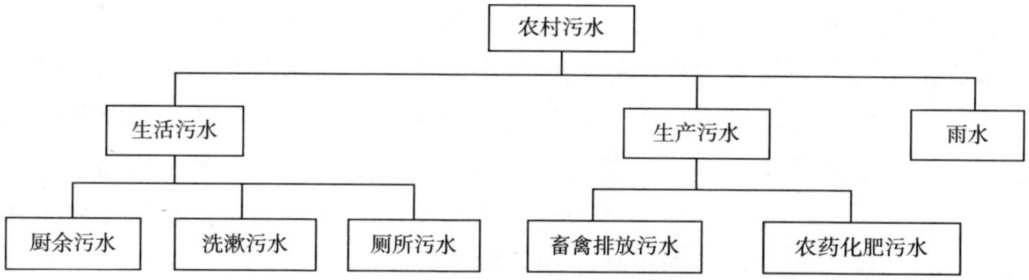

图 7-25　农村污水分类

总之，我们应该利用不同手段与方法，构建村落资源循环利用体系，增强村落资源的自运行能力。在使用过程中强调资源的再利用，形成"节约利用—循环再生—废弃再利用"的乡村资源集约循环利用模式（图 7-26）。

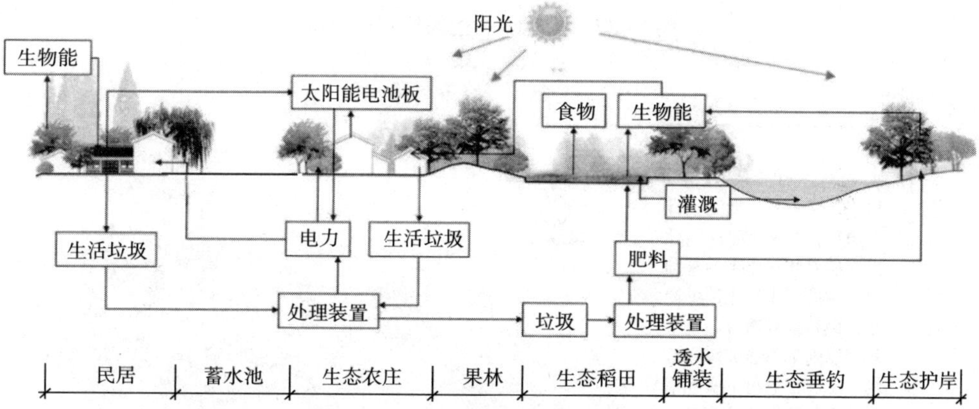

图 7-26　村落资源循环利用模式

7.7　完善配套设施，保障居民生活质量

通过对六盘水市传统村落的实地调查，发现村落的基础配套设施落后，道路、电力电信、排水与环卫设施等现状条件有待改善。从生态文明视角出发，生活配套服务设施应该从以下角度进行完善。

7.7.1 完善交通设施

做好村落的静态和动态交通的规划，保证内部车辆和外来车辆的互不干扰，提升交通通行能力与效率。对于具有旅游功能的传统村落，必须要考虑外来旅游车辆的通行和停放问题，一般不建议外来车辆进入村落内部，可以在村口设置统一停车场。根据不同类型的道路，规划设计不同的道路断面形式，扩宽较窄的道路，疏通村落道路系统，避免断头路的出现，增加小路和街巷的相互穿插，保证交通的通达性。在道路铺装材质方面，尽量选择当地原生材料，减少水泥沥青硬化的比例（图7-27～图7-29）。

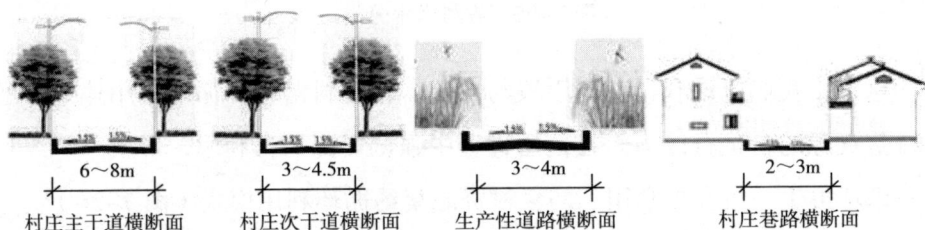

| 6～8m | 3～4.5m | 3～4m | 2～3m |
| 村庄主干道横断面 | 村庄次干道横断面 | 生产性道路横断面 | 村庄巷路横断面 |

图 7-27　戛陇塘村道路横断面设计

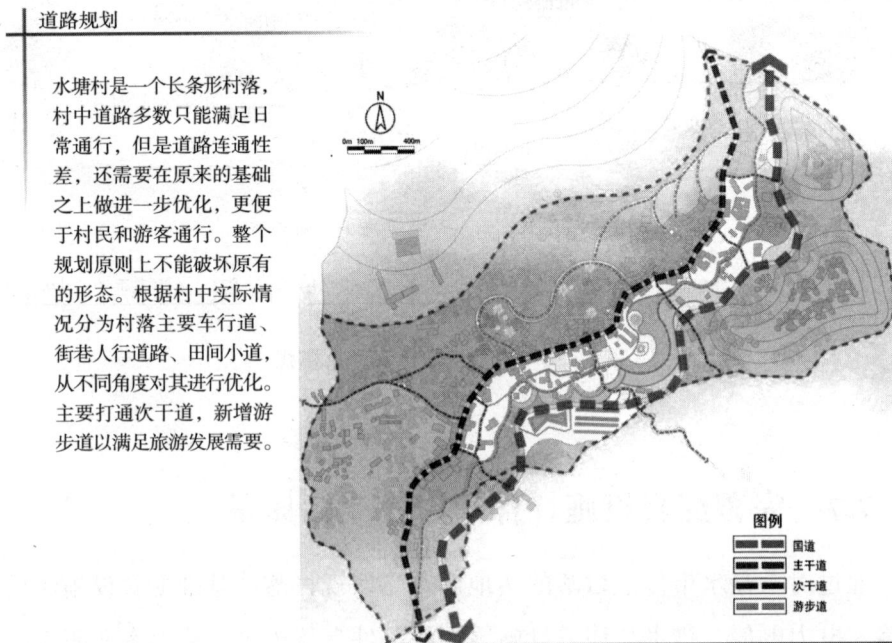

道路规划

水塘村是一个长条形村落，村中道路多数只能满足日常通行，但是道路连通性差，还需要在原来的基础之上做进一步优化，更便于村民和游客通行。整个规划原则上不能破坏原有的形态。根据村中实际情况分为村落主要车行道、街巷人行道路、田间小道，从不同角度对其进行优化。主要打通次干道，新增游步道以满足旅游发展需要。

图 7-28　水塘村道路系统规划

六盘水市六枝特区戛陇塘村可持续发展规划

戛陇塘村道路包括生活性道路和生产性道路，以形成完整的路网，对外道路通达性较高，只需做部分的完善和梳理即可。

（1）拓宽进村主干道，改善道路拥堵问题，为戛陇塘村的工业、旅游业发展做铺垫。

（2）在不破坏传统村落风貌和布局的前提下，对村内道路进行梳理，保障消防通道畅通。

（3）对宅间小路进行整治、设计，不仅要提高其通达性，还要形成具有特色的街巷空间。

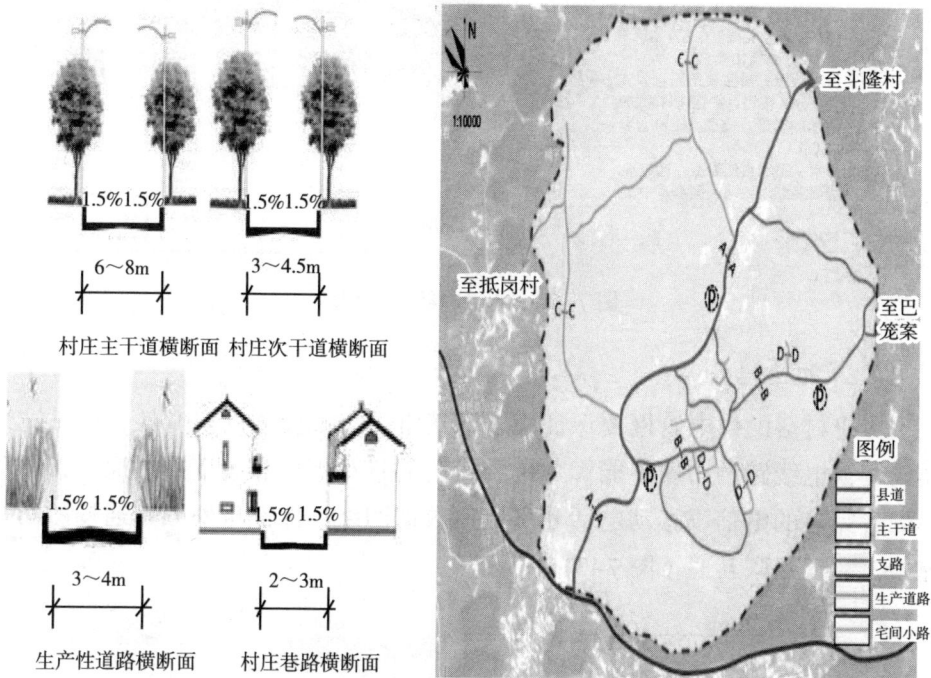

图 7-29　戛陇塘村道路系统规划

7.7.2　完善生活基础服务设施

（1）给排水

与城镇距离较近的传统村落，可以争取将村落的给水纳入城镇给水管网系统，保证给水的稳定性和水质的安全性。与城镇距离较远的村落，应该充分利用当地地表水和地下水，利用自然地理优势，建立高位水塔，保证村落用水的稳定性；村落污水的处理方式建议参考本书关于村落雨污水的处理与利用的章节介绍（图 7-30）。

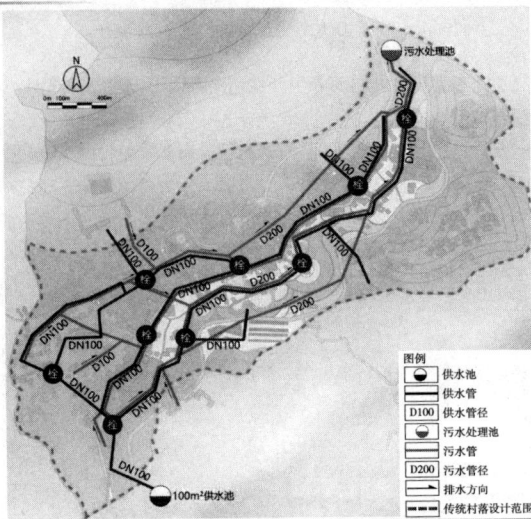

图 7-30　水塘村给排水规划

（2）电力电信

传统村落的供电管网要保证用电的正常需求和使用的安全性，电站选址建设和输电线路的布置不能影响传统村落的景观环境和破坏视线通廊；村落要配备完善的电信、移动电话和多媒体数据网络，保证与外界有通畅的网络连接，实现互联互通（图 7-31）。

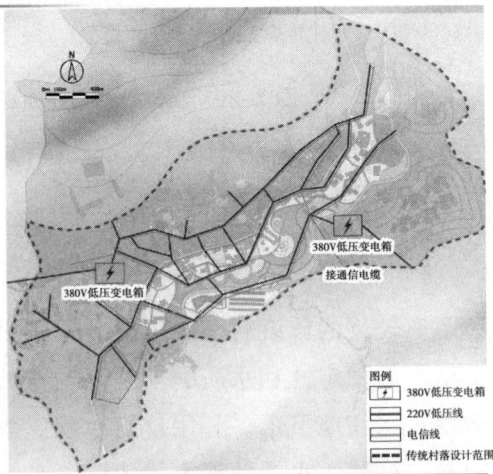

图 7-31　水塘村电力电信设施规划

7.7.3　提高环卫设施的数量和分布密度

村落的环卫设施主要包括垃圾桶、垃圾转运站、公共厕所等。目前六盘水市传统村落环卫设施存在着设施陈旧、数量不够、分布密度较低等情况，严重影响了这些地区村落的生态环境质量和当地旅游业的发展（图 7-32）。

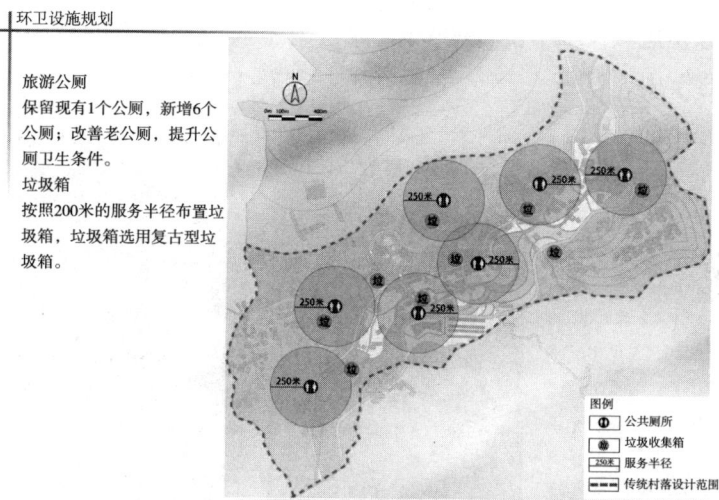

图 7-32　水塘村公共环卫设施规划

7.8　结合地方特色，激活村落公共空间

村落的公共空间按照形态划分可以分为点空间、线性空间、面空间三类。点空间主要指各类公共建筑（寺庙、学校、仓库、村委会）等围合空间；线性空间主要指村落街巷空间、河流驳岸空间；面空间主要指村落的公共广场、运动场、晒谷场、空置闲地等。从生态文明的视角出发，应该创造出更适合村民交往、能够促进村民感情的互动交往空间。

7.8.1　丰富村落街道公共空间层次，促进村民互动交往

（1）村落主街巷

村落主街巷是村落的脊梁，是村落最主要的交通干道和景观主轴线。各个村落主街巷的布局各具特色，主要受到当地地形的影响。主街巷的走向应

该做到顺应地势，串联整个村落主要空间节点。

（2）次要街巷

次要街巷是连接主要街巷和宅间街巷的纽带，一般与主街巷相互垂直，常常在主街巷与次要街巷的交汇处形成村民主要的交流驻足场所。

（3）宅间街巷

宅间街巷比较窄，一般只供行人通过，走向没有固定的规律，主要起到串联房屋的作用，其特点是宁静、幽深（图7-33）。

（1）对古巷道空间进行改造，去除杂乱的电线和杂物，对宅旁菜地进行设计和整理，增加植物并进行美化。

（2）保留石墙肌理，对非石墙立面采用当地石板进行改造，保证古巷道的古朴和历史气息。

（3）对建筑屋顶和门窗进行改造设计，增设传统建筑元素，增强地域和民族特色。

图 7-33　戛陇塘村街巷设计

7.8.2　更新村落传统建筑庭院空间，提高村民生活质量

庭院景观是村民日常生活中接触时间最多、最密切的场景，村落生活不同于城市生活，乡村庭院和城市庭院有着本质上的不同。城市庭院偏重于丰富的铺装、多样化的植物色彩等。而乡村由于村民日常不仅需要劳作，还需要承担起许多使用功能，比如，晾晒谷物、衣物等，日常洗衣洗菜、会客等，所以设计上更多考虑居民日常使用。下面以水塘村的庭院空间为例，简单介绍庭院空间的改造方式。

对水塘村的实地调研后发现村落的建筑分为多种形式，分别为单体建筑、"L"形建筑、三合院式建筑、四合院式建筑。所以根据建筑形式的不同，设计也分为四类（图7-34）。

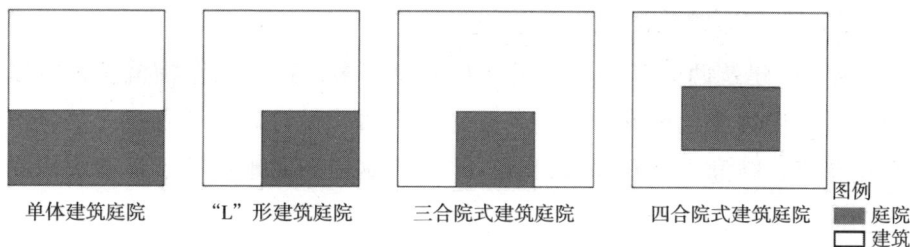

单体建筑庭院　　　"L"形建筑庭院　　　三合院式建筑庭院　　　四合院式建筑庭院

图例
■ 庭院
□ 建筑

图 7-34　水塘村庭院空间形式

（1）单体建筑庭院

单体建筑用户人口数量不多，大多数种植少量农作物，少有大规模晒谷物需求。此类庭院三面开阔，光线较好，按功能划分为三个部分，第一部分为进出通行区，此区域针对通行专项设计，设置少部分植物，保证充足的步道空间，所有的景观设计都在边缘或者墙面部分进行。第二部分为聚会活动区，此区域为中心开阔，设置休憩设施，空间需满足多人活动需求，四周布置植物点缀形成围合式景观。第三部分为综合区域，此区域能满足日常晾晒、洗物等功能（图 7-35）。

图 7-35　单体建筑庭院更新设计

153

（2）"L"形建筑庭院

"L"形建筑两面开阔，此类住户人口偏多，种植农作物偏多，所以对此类庭院采用边缘化设计，在院落周边做低矮化设计以保证光线充足，植物多采用花草、矮灌木做花镜式设计，丰富景观的同时也保留了日常农作物的生产功能（图7-36）。

图7-36　"L"形建筑庭院更新设计

（3）三合院、四合院式建筑庭院

三合院、四合院住宅大多数为古建筑，只有少部分为民居住宅。其中古建筑类有原先景观，所以对古建筑庭院不做设计，最大化保留原有景观，也保护历史气息不受破坏。居民类住宅很少种植农作物，所以基本需求为保留大空间，设计上多在铺装上做功夫，采用青石板、青砖、碎石块等材料，规则式与不规则式铺装方式，整体青石板通铺主要人行通道，青砖沿通道边缘铺贴。碎石块大面积铺贴，形式类似冰裂纹铺贴。三合院、四合院从古至今根据风水学说，不宜在庭院中心种树，寓意不吉利，所以植物多沿四角种植（图7-37）。

三合院、四合院式建筑庭院

总平面图

N　0　5　10m

图例
1. 庭院入口
2. 隐壁
3. 休憩桌凳
4. 山水交融
5. 裂冰交互
6. 古木交柯

设计说明

三合院、四合院住宅大多数为古建筑，只有少部分为民居住宅。其中古建筑类有原先景观，所以对古建筑庭院不做设计。最大化保留原有景观，也保护历史气息不受破坏。居民类住宅很少种植农作物，所以基本需求为保留大空间，设计上多在铺装上做功夫，采用青石板、青砖、碎石块等材料，规则式与不规则式铺装为主，整体青石板通铺主要是人行通道，青砖沿通道边缘铺贴。碎石块大面积铺贴，形式类似冰裂纹铺贴。三合院、四合院从古至今根据风水学说，不宜在庭院中心种树，寓意不吉利，所以植物多沿四角种植。

经济技术指标

经济技术指标		
名称：三合院、四合院庭院景观	面积	占比率
用地面积	864.4平方米	100.00%
绿地面积	219.3平方米	25.30%
硬质面积	195.4平方米	22.60%
总建筑面积	444平方米	5.13%
容积率		0.51

植物配置表

序号	植物名称	规格(胸径/冠幅/高度)	数量(株)	备注
1	红枫	D12*2.6*1.9	1	全冠
2	花石榴	D10*0.8*1.7	1	造型
3	桂花	8*1.8*1.8	2	全冠
4	紫薇桶	11*2.8*3.2	1	造型树
5	南天竹	0.1*0.4*HD.6	50	
6	凤尾竹	H1.7	10	
7	紫竹	H2.5	18	
8	绣球花		88	
9	麦冬(草)		219.2m²	满植

入口效果图

鸟瞰图

图 7-37　三合院、四合院式建筑庭院更新设计

7.8.3　激活村落公共建筑活力，传承文化遗产

六盘水市是一个少数民族众多的地区，全市共有 44 个少数民族，少数民族人口达到 80 多万。其中人口较多的少数民族有彝族、苗族、布依族、白族、回族、仡佬族、水族 7 个民族。不同的民族具有不同的民族特色，建造了不同风格、独具特色的少数民族公共建筑。笔者通过对六盘水市 10 个传统村落的实地考察，选取比较重要的村落公共建筑汇总如表 7-3 所示。

表 7-3　六盘水市传统村落公共建筑类型统计

村落名称	民族	村落内典型公共建筑
水塘村	汉族、彝族	粮食仓库、普福寺、祠堂、文庙
乐民村	汉族、回族	商铺、牌坊、楼门
戛陇塘村	汉族、苗族、仡佬族	碉楼、学校
妥乐村	汉族、彝族、白族	寺庙
高兴村	苗族	生态博物馆

在传统村落的保护与发展过程中，村内的公共建筑是村民之间相互交往、互动的主要场所。在对这些公共建筑的保护与利用过程中有以下几点建议：

①对于建筑风貌保存基本完整，具有良好历史文化价值的公共建筑，应当采取保护为主的措施。只是针对公共建筑出现破损进行适当的修补和加固，必须要保持建筑的原汁原味。尤其是一些具有重要历史文化价值的古建筑，需要在古建筑保护行业专家的指导下进行，不能按照新农村建设的标准进行统一建设。

②对于一些保存一般，但区位特别重要且影响整体风貌的古建筑，可以采取古建筑立面修复、空间功能更新的手法进行保护利用。比如水塘村李氏家族的祠堂已经被改造成村民日常休憩娱乐的公共场所，古建筑的建筑性质发生改变，具有新功能。

③对于一些没有价值，已经衰败不堪的古建筑，建议拆除，然后将建筑原有场地改造成村落的公共广场、公共绿地或者公共服务设施用地（图7-38）。

（a）李氏祠堂正门

（b）在祠堂中下象棋的村民

（c）祠堂修缮捐款名单汇总

图 7-38 水塘村李氏祠堂

7.9 加强文化交流，传承文化遗产

在六盘水市传统村落保护过程中，一定要注重对传统村落所承载的地方传统历史文化的保护。应当对该地区的文化脉络，以点到线、以线带面的方

式推动六盘水市传统村落传统历史文化的活态传承。六盘水市直辖钟山区、水城区、六枝特区与盘州市四个行政区，常住人口285万人，共有44个民族，主要包括汉族、彝族、苗族、布依族、白族、回族、仡佬族、水族等。在保护传统村落的过程中，应该重视不同民族之间的生产生活习惯差异、人居环境差异，做到因地制宜，因"族"而异。

在生态文明视角下，弘扬六盘水市传统村落的本地生态文化，需要把地方文化（农耕文化、民俗文化、建筑文化等）融入传统村落的保护与发展中来。传统村落作为中国农耕文化的载体，承载着浓厚的中国历史文化精粹。调研团队在实地考察乐民村的过程中，结识了一位农民作家，他也是贵州省作家协会会员。这位土生土长的农民作家利用农闲时节笔耕不辍，以盘州市石桥镇为历史背景，撰写了《乌蒙演义》《金戈铁马》《世界古银杏之乡妥乐传奇》等作品。这些作品详细介绍了石桥镇的地域历史、红色文化、自然风光、民间故事、民俗文化、饮食文化及地方历史名人等内容，对研究石桥镇历史具有重要研究价值（图7-39）。

图7-39 调研团队与农民作家杨老师合影

7.9.1 农耕文化的传承

中国从古至今都是一个农业大国，广大的劳动人民在几千年的农业实践中，逐渐形成了"应时、取宜、守则、和谐"的农耕文化哲学，它具有地域多样性、民族多元性、历史延续性、乡土普世性等特点。主要体现为协调和谐的三才观、趋时避害的农时观、主观能动的物地观、变废为宝的循环观、御欲尚俭的节用观（夏学禹，2010）。农耕文化遗产可以分为物质性载体和非物质性载体两大类，物质性载体包括农业遗址、农业物种、农具、农业古书等，非物质性载体包括农业生产技术、农业知识与制度、农业传统手艺、农业习俗（信仰、仪式、节庆、习俗）等（张灿强，2020）。对传统农耕文化的保护是对中华农耕文化精神的传承，也是目前推动全面乡村振兴的重要保障，在传承民族文化、保护乡村独特景观、发展乡村休闲农业、推动乡村旅游方面具有重要价值。

7.9.2　村落民俗文化的传承

村落民俗文化是在伴随乡村的发展过程中劳动人民长期积累、创造、形成、传承的风俗习惯。村落民俗文化的传承与保护，是维系民众乡愁和地域民俗文化记忆、维持民众的家园感、激发民众的文化自信和自觉、推进美丽乡村建设的重要保障措施。在传统村落民俗文化保护与传承中，可以从以下几个方面思考（桂胜，2019）：

①以问题为导向，把村落民俗活动纳入新型城镇化和全面乡村振兴的国家大政方针的时代背景下考虑。针对民俗文化传承过程中存在的问题做出积极正向的回应与解答，重点关注那些因为在城镇化进程中由于各种不确定因素导致的村落碎片化、民俗文化传承断裂、传承意识淡薄等现象。

②以项目为抓手，实施"记忆链修复工程"以解决乡愁记忆问题。在民俗文化节日的重要事件节点，通过各种手段与形式向民众传播、宣讲民俗文化内容，加深民俗文化在民众脑海中的记忆；打造民俗文化品牌活动或示范性工程，以点成线、以面成片的方式打造民俗文化活动典型，形成经验的总结与成功案例的推广。

7.9.3　传统建筑文化的传承

中国乡土建筑是指广大民众在日常生活中一直沿用的建筑及周边的环境。乡土建筑蕴藏着丰富多彩的历史文化价值，是中国民族文化的重要组成部分。中国乡土建筑的种类较多，比如古村落、古书院、古寺庙、古栈道、古井、古民居、古桥梁等。目前乡土建筑的保护主要包括研究性保护、制度性保护、投入性保护、技术性保护等形式。在目前城市化进程不断加快的历史背景下，乡土建筑在逐渐消失，乡土建筑文化面临消失殆尽的危险。因此，乡土建筑的文化保护与再生面临巨大压力。可以从以下几个方面思考（任志飞，2022）：

（1）乡土建筑的改造与更新要做到因地制宜

应用艺术设计手法，将乡土建筑融入周边环境，通过采用平台、栈道或楼梯等构造，将乡土建筑置身于乡土文化（图7-40）。

（2）注重乡土建筑聚落公共空间的打造

村落公共空间是民众日常交谈、休憩的主要场所，采用栈道、平台等构造结构将建筑与建筑联系或者围合起来，营造一种舒适的交流空间（图7-41）。

（3）乡土建筑样式的传承

在乡土建筑的改造与更新中，要重视建筑构造样式的传承，比如坡屋顶、青砖灰瓦、门窗的精美雕饰、建筑材料的延续等，都是对乡土建筑文化的传承与弘扬（图7-42）。

图7-40　乡土建筑民居的改造更新

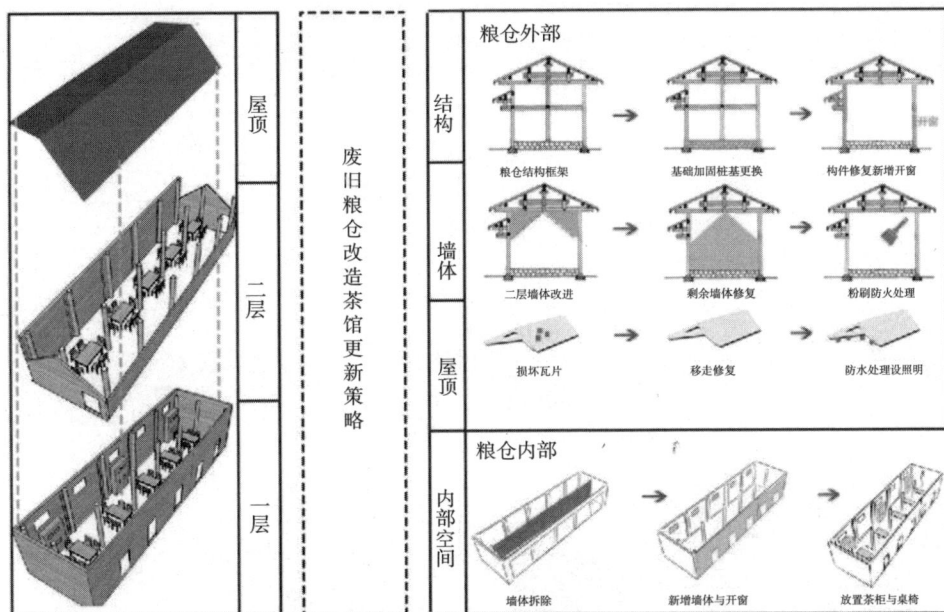

图 7-41　乡土公共建筑——水塘村粮食仓库的改造更新

图 7-42　乡土民居建筑的改造更新——地方文化的植入

参考文献

[1] 王佳佳.生态文明视域下我国新农村生态建设研究 [D].兰州：兰州理工大学，2014.

[2] 吴婷.我国农村生态文明建设存在的问题及对策研究：评《农业绿色发展与生态文明建设》[J].生态经济，2021，37（4）：230-231.

[3] 张董敏.农村生态文明水平评价与形成机理研究 [D].武汉：华中农业大学，2016.

[4] 张卓群.中国 70 年城镇化发展成就回顾与展望 [J].经济论坛，2019（10）：20-27.

[5] 黄力为.生态文明视角下湖南传统村落保护与发展研究 [D].长沙：湖南大学，2017.

[6] 周冰倩.苏州传统村落保护实效评估研究 [D].苏州：苏州科技大学，2017.

[7] 窦银娣，谢双喜，李伯华.传统村落多维价值评价及实证研究 [J].经济论坛，2020，14（1）：77-83.

[8] 梁水兰.传统村落评价认定指标体系研究：以滇中地区为例 [D].昆明：昆明理工大学，2014.

[9] 李春青.传统村落价值评估研究：以北京市吉家营村为例 [D].北京：北京建筑大学，2018.

[10]鲁可荣，胡凤娇.传统村落的综合多元性价值解析及其活态传承 [J].福建论坛，2016（12）：115-122.

[11]夏周青.中国传统村落的价值及可持续发展探析 [J].中共福建省委党校学报，2015（10）：62-67.

[12]张松.作为人居形式的传统村落及其整体性保护 [J].城市规划学刊，2017（2）：44–49.

[13]鲁道夫斯基.没有建筑师的建筑：简明非正统建筑导论 [M].高军，译.天津：天津大学出版社，2011.

[14]藤井明.聚落探访 [M].宁晶，译.北京：中国建筑工业出版社，2003.

[15]汤爽爽，冯建喜.法国快速城市化时期的乡村政策演变与乡村功能拓展 [J].国际城市规划，2017，32（4）：104–110.

[16]李明烨，汤爽爽.法国乡村复兴过程中文化战略的创新经验与启示 [J].国际城市规划，2018，33（6）：118–126.

[17]万婷婷.法国乡村文化遗产保护体系研究及其启示 [J].东南文化，2019（4）：12–17.

[18]朱恺奕.动态的遗产策略：文化、经济、历史维度下的荷兰建筑遗产改造实践 [J].建筑师，2020（1）：22–31.

[19]姚虹聿.荷兰：别具特色的古建筑保护体系 [J].检察风云，2020（5）：58–59.

[20]王路.农村建筑传统村落的保护与更新:德国村落更新规划的启示 [J].建筑学报，1999（11）：16–21.

[21]黄一如，陆娴颖.德国农村更新中的村落风貌保护策略：以巴伐利亚州农村为例 [J].建筑学报，2011（4）：42–46.

[22]西格斯.德国村庄经济发展和村落保护 [J].今日国土，2006（11）：45–47.

[23]刘志宏.西南少数民族特色古村落保护和可持续发展研究：基于韩国比较 [J].中国名城，2019（12）：57–64.

[24]朴龙洙.韩国新乡村运动述论 [J].西南民族大学学报（人文社会科学版），2011，32（4）：55–59.

[25]王洁，王丝申，杨若涵，等.文化景观保护：日本传统乡村的活态传承 [J].建筑与文化，2019（3）：40–42.

[26]李文静，翟国方，周姝天，等.乡村振兴背景下日本边缘村落规划及启示 [J].世界农业，2019（6）：25–30.

[27]李建军.英国传统村落保护的核心理念及其实现机制 [J].中国农史，2017，36（3）：115–124.

[28]赵紫伶，于立，陆琦.英国乡村建筑及村落环境保护研究：科茨沃尔德案例探讨 [J].建筑学报，2018（7）：113–118.

[29] 任伟，韩锋，杨晨. 英国乡村景观遗产可持续发展模式: 以英国查尔斯顿庄园为例 [J]. 中国园林，2018，34（11）: 15–19.

[30] 王云才，郭焕成，杨丽. 北京市郊区传统村落价值评价及可持续利用模式探讨: 以北京市门头沟区传统村落的调查研究为例 [J]. 地理科学，2006（6）: 735–742.

[31] 屠李，赵鹏军，张超荣. 试论传统村落保护的理论基础 [J]. 城市发展研究，2016，23（10）: 118–124.

[32] 汪清，蓉李凡. 古村落综合价值的定量评价方法及实证研究: 以大旗头古村为例 [J]. 旅游学刊，2006（1）: 19–24.

[33] 朱启臻. 传统村落中的生态文明基因 [J]. 中国生态文明，2017（4）: 32–34.

[34] 刘子飞，张体伟. 农村生态文明建设能力评价方法研究: 基于 AHP 与距离函数模型 [J]. 农业经济与管理，2013（6）: 29–37.

[35] 刘子飞，张体伟. 农村生态文明建设能力评价方法研究: 基于 AHP 与距离函数模型 [J]. 农业经济与管理，2013（6）: 29–37.

[36] 张勇. 农村生态文明建设现状及问题研究 [D]. 苏州: 苏州大学，2009.

[37] 廖婧. 农村生态文明建设现状及问题研究 [D]. 西安: 西安建筑科技大学，2016.

[38] 林丽希. 宁德市蕉城区公众参与传统村落保护意愿及其影响因素研究 [D]. 福州: 福建农林大学，2019.

[39] 张静莹，张超. 传统村落"自组织"保护的村民意愿分析: 以浙江省兰溪市为例 [J]. 建筑与文化，2019（9）: 102–105.

[40] 安显楼. 传统村落活态保护的村民参与意愿及影响因素研究: 基于三明市的 Logistic 模型实证分析 [J]. 三明学院学报，2020，37（3）: 47–53.

[41] 赵金芬，姜木枝. 农村生态文明建设过程中的公众参与 [J]. 安徽商贸职业技术学院学报（社会科学版），2014，13（2）: 17–20.

[42] 史巍娜. 贵州省生态文明建设体制机制创新及对策建议 [J]. 黑龙江教育（理论与实践），2016（3）: 8–10.

[43] 李波. 贵州省生态文明建设体制机制创新及对策建议 [J]. 贵州大学学报（社会科学版），2010，28（2）: 13–19.

[44] 严耕，杨志华，林震. 2009 年各省生态文明建设评价快报 [J]. 北京林业大学学报（社会科学版），2010，9（1）: 1–5.

[45] 曹蕾. 区域生态文明建设评价指标体系及建模研究 [D]. 上海: 华东师范大学，2014.

[46] 单晓娅，潘康，滕文. 贵州少数民族地区生态文明发展现状评价与特征研究 [J].

贵州民族研究 . 2016，37（4）：33-39.

[47] 黄晓园 . 滇中城市生态文明建设评价与预测研究 [D]. 昆明：昆明理工大学，2013.

[48] 成金华 . 矿区生态文明评价指标体系研究 [J]. 中国人口·资源与环境，2013，23（2）：1-10.

[49] 杨志华，严耕 . 中国当前生态文明建设关键影响因素及建设策略 [J]. 南京林业大学学报（人文社会科学版），2012，12（4）：60-66.

[50] 张静，杨俊辉 . 新时期农村生态文明建设中的公众参与研究 [J]. 农业经济，2016（7）：12-13.

[51] 倪珊，何佳，牛冬杰 . 生态文明建设中不同行为主体的目标指标体系构建 [J]. 环境污染与防治，2013，35（1）：100-105.

[52] 白永亮，程奥星，成金华 . 水生态文明建设的公众参与意愿：5 个国家级试点城市的 1379 份问卷调查 [J]. 资源科学，2019，41（8）：1427-1437.

[53] 晁昊拓，王可，周末轶 . 农村居民参与生态文明建设的意愿与形式研究：基于"两山理论发源地"浙江安吉的实地调查 [J]. 现代职业教育，2018（16）：16-19.

[54] 刘沛林，于海波 . 旅游开发中的古村落乡村性传承评价：以北京市门头沟区爨底下村为例 [J]. 地理科学，2012，32（11）：1304-1310.

[55] 胡彬彬，邓昶 . 中国村落的起源与早期发展 [J]. 求索，2019（1）：151-160.

[56] 窦银娣，谢双喜，李伯华 . 传统村落多维价值评价及实证研究 [J]. 中南林业科技大学学报（社会科学版），2020，14（1）：77-83.

[57] 李江苏，王晓蕊，李小建 . 中国传统村落空间分布特征与影响因素分析 [J]. 经济地理，2020，40（2）：143-153.

[58] 高楠，邬超，白凯 . 中国传统村落空间分异及影响因素 [J]. 陕西师范大学学报（自然科学版），2020，48（4）：97-107.

[59] 朱启臻 . 传统村落中的生态文明基因 [J]. 中国生态文明，2017（4）：69-71.

[60] 王璐，弓弼，赵涧丹 . 陕西省党家村古村落植物景观调查分析 [J]. 西北林学院学报，2015，30（6）：284-288.

[61] 冯淑华 . 德国：传统村落文化生态空间演化论 [M]. 北京：科学出版社，2011.

[62] 陶慧，麻国庆，冉非小 . 基于 H-I-S 视角下传统村落分类与发展模式研究：以邯郸市为例 [J]. 旅游学刊，2019，34（11）：82-95.

[63] 叶茂盛，李早 . 基于聚类分析的传统村落空间平面形态类型研究 [J]. 工业建筑，2018，48（11）：50-55.

[64] 王如松. 用机制激发活力 用制度保护环境 [J]. 前线，2013（12）：60–63.

[65] 严耕，林震，吴明红. 中国省域生态文明建设的进展与评价 [J]. 中国行政管理，2013（10）：50–55.

[66] 赵美玲，马明冲. 基于战略视角的农村生态文明建设探析 [J]. 理论学刊，2013（7）：72–75.

[67] 薛虹，赵万明. 关于生态文明型新农村建设路径探讨 [J]. 中国统计，2014，（06）：52–53，72–75.

[68] 朱国庆，覃聪. 当代中国农村的生态文明建设探析 [J]. 三峡大学学报（人文社会科学版），2014，36（3）：57–64.

[69] 徐娟. 现代生态文明视阈下的衡阳市乡村生态旅游发展研究 [J]. 中南林业科技大学学报（社会科学版），2015，9（4）：66–70.

[70] 仇保兴. 生态文明时代乡村建设的基本对策 [J]. 城市规划，2008（4）：9–20.

[71] 刘省贵. 农村生态文明建设的路径探析 [J]. 农业经济，2012（5）：29–31.

[72] 陈焕镜. 海南省文明生态村建设理论及评价方法研究 [D]. 天津：天津大学，2008.

[73] 梁爽. 基于系统论视野的政府内耗问题研究 [D]. 长春：吉林大学，2014.

[74] 常绍舜. 从经典系统论到现代系统论 [J]. 系统科学学报，2011，19（3）：1–4.

[75] 李京诚. 合理行为、计划行为与社会认知理论预测身体锻炼行为的比较研究 [J]. 天津体育学院学报，1999（2）：34–36.

[76] 于伟. 合理行为、计划行为与社会认知理论预测身体锻炼行为的比较研究 [J]. 生态经济，2010（6）：160–163.

[77] 张进美，刘天翠，刘武. 基于计划行为理论的公民慈善捐赠行为影响因素分析：以辽宁省数据为例 [J]. 软科学，2011，25（8）：160–163.

[78] 张毅祥，郭旭升，王兆华. 心理所有权视角下员工节能影响因素研究 [J]. 技术经济与管理研究，2013（3）：50–54.

[79] 张露，帅传敏，刘洋. 消费者绿色消费行为的心理归因及干预策略分析：基于计划行为理论与情境实验数据的实证研究 [J]. 中国地质大学学报（社会科学版），2013，13（5）：49–55.

[80] 聂佳. 基于计划行为理论的林农参与森林碳汇交易意愿研究 [D]. 沈阳：东北林业大学，2014.

[81] 盛光华，龚思羽，解芳. 中国消费者绿色购买意愿形成的理论依据与实证检验：基于生态价值观、个人感知相关性的 TPB 拓展模型 [J]. 吉林大学社会科学

学报，2019，59（1）：134–145.

[82]张来,刘宁.贵州黔西南地区布依族染料植物调查初报[J].贵州师范大学学报(自然科学版)，2004（3）：30–33.

[83]杜建中，张东凯，刘济明.贵州省常见天然色素植物资源初探[J].贵州林业科技，2010，38（4）：40–44.

[84]孙济平，何顺志.贵州特有药用植物的种类与分布[J].中国中药杂志,2005(10)：735–738.

[85]李红宁.六盘水桔梗科药用植物资源研究[J].六盘水师范高等专科学校学报.2009，21（6）：36–40.

[86]林长松，左经会，向红.六盘水乡土观赏种子植物区系及其园林绿化应用[J].北方园艺，2008（2）：139–144.

[87]孙爱群，向红，左经会.水城产蓼属植物分类及药用价值初步研究[J].六盘水师范高等专科学校学报，2002（4）：47–51.

[88]宋军宝，雷德杰.新形式下海绵乡村的研究与建设：古代雨水利用对未来海绵乡村建设的启示[J].住宅与房地产，2018（7）：261.

[89]马力，景长勇.农村生活垃圾处理对策与实践：以涿鹿县为例[J].环境保护，2015，43（1）：61–63.

[90]迟迅.农村生活垃圾分类收集技术与堆肥化设施研究[D].济南：山东农业大学，2019.

[91]夏学禹.论中国农耕文化的价值及传承途径[J].古今农业，2010（3）：88–98.

[92]张灿强，龙文军.农耕文化遗产的保护困境与传承路径[J].中国农史，2020，39（4）：115–122.

[93]桂胜，腾跃.乡村振兴视野下传统村落民俗文化的传承模式[J].华南师范大学学报（社会科学版），2019（1）：19–22.

[94]任志飞.乡村宜居建筑的文化传承与创新[J].建筑结构，2022，52（7）：150.

附录

农村生态文明建设农户调查问卷

尊敬的农民朋友，您好：

　　我们是六盘水师范学院土木与规划学院的师生，目前正在做一个关于"六盘水市传统村落生态文明建设"的研究课题，切实了解目前六盘水市传统村落生态文明建设的现状及存在的问题，以便课题小组研究解决方案，为建设"美丽乡村"出谋划策。

　　您的观点非常重要，我们获得的资料仅限于课题研究，我们将严格保密，绝对不会对您个人和其他人造成不必要的麻烦。再次感谢您的配合！

六盘水师范学院土木与规划学院课题小组

2022 年 6 月 15 日

第一部分：基本信息。

1. 性别

A. 男　　　　B. 女

2. 年龄

3. 文化程度

A. 小学及以下　　B. 初中　　C. 高中及中专　　D. 专科　　E. 大学本科及以上

4. 家庭人数

5. 家庭年收入

第二部分：农户对农村生态文明建设的态度。在最符合的数字下面打钩。其中数字代表的意义为：完全不符合1分；不符合2分；一般3分；符合4分；完全符合5分。

农户对农村生态文明建设的态度					
	1分	2分	3分	4分	5分
过量使用农药化肥会危害环境					
焚烧农作物秸秆会污染环境					
畜禽粪便随意排放会污染环境					
生态文明建设非常重要，必须执行					

第三部分：农户对农村生态文明建设的主观规范。在最符合的数字下面打钩。其中数字代表的意义为：完全不符合1分；不符合2分；一般3分；符合4分；完全符合5分。

农户对农村生态文明建设的主观规范					
	1分	2分	3分	4分	5分
政府积极推进村落的生态文明建设					
家人赞成、支持村落的生态文明建设					
亲戚、朋友赞成、支持村落的生态文明建设					
有关于生态环境保护、野生动物保护的法律法规					

第四部分：农户对农村生态文明建设的知觉行为控制。在最符合的数字下面打钩。其中数字代表的意义为：完全不符合1分；不符合2分；一般3分；符合4分；完全符合5分。

农户对农村生态文明建设的知觉行为控制					
	1分	2分	3分	4分	5分
本人有进行生态文明建设的能力					
本人能够承担生态文明建设的费用					
本人能够承担生态文明建过程中的风险					

第五部分：农户对农村生态文明建设的意愿。在最符合的数字下面打钩。其中数字代表的意义为：完全不符合1分；不符合2分；一般3分；符合4分；完全符合5分。

农户对农村生态文明建设的意愿					
	1分	2分	3分	4分	5分
本人愿意花时间和精力进行村落的生态文明建设					
本人愿意在没有经济补偿的情况下参与生态文明的建设					
本人愿意参与各种生态环境的保护活动					
本人愿意动员身边的人一起参与生态文明的建设					

第六部分：农户对农村生态文明建设的行为。在最符合的数字下面打钩。其中数字代表的意义为：完全不符合1分；不符合2分；一般3分；符合4分；完全符合5分。

农户对农村生态文明建设的行为					
	1分	2分	3分	4分	5分
您家每年的化肥、农药的使用量在逐渐减少					
您家每年的薄膜使用量在逐渐减少					
您家每年的有机肥、农家肥的使用量在逐渐增加					
您在家中非常注意节约用水、节约用电					

续表

农户对农村生态文明建设的行为					
您不会随意乱扔垃圾、废弃物					
您家的生活垃圾都有固定的堆放点、回收点					

第七部分：农户对农村生态文明建设的水平评价。在最符合的数字下面打钩。其中数字代表的意义为：完全不符合 1 分；不符合 2 分；一般 3 分；符合 4 分；完全符合 5 分。

农户对农村生态文明建设的水平评价					
	1 分	2 分	3 分	4 分	5 分
本村农户使用化肥量比较少					
本村其他农户焚烧秸秆					
本村的畜禽粪便的处理率高、综合利用率高					
本村农资废弃物回收利用率高					
本村生态农业发展得很好（如基地面积在扩大，产值在增加）					
本村禽畜养殖场粪便污水经过处理才排放（若村里没有企业则跳过）					
本村禽畜养殖场粪便处理设施正常运行					
本村企业对环境没有污染					
农户日常消费行为生态化					
本村农户生活废弃物处理生态化					
本村清洁能源（太阳能、沼气）入户率高					
本村空气受污染较少					
本村河流受污染较少					
本村土壤受污染较少					
本村生态环境质量较好					
本村居民素质高，不会破坏污染生态环境					

农户对农村生态文明建设的水平评价					
本村居民生态文明意识高					
村民积极参与村里重要事情的投票					
本村的政府政务公开透明					
您对本村级镇政府的满意度较高					
本村政府重视本村的生态环境问题,监管到位					
本村对环境的整治力度比较大					
本村生态文明建设投入的财力、物力、人力较大					
本村对生态文明知识的宣传教育到位					
本村的水利基础设施质量较好					
本村秸秆回收利用设施质量较好					
本村会组织生态农业技术方面的培训					
本村沼气建设补贴完善					
本村废弃物无公害处理、回收利用补贴完善					
本村有农资店回收农资废弃物					
本村有机构来回收秸秆、畜禽的粪便					
本村道路基础设施完善					
本村的生活垃圾有统一存放和清理措施					
本村的生活污水会集中处理					

后记

作为牂牁古国与夜郎文化的发源地，在漫长的岁月长河中，六盘水地区诞生了灿烂的文化。代代相传的"布依盘歌"、"彝族山歌"、水城农民画、盘县会议红色文化遗址、艰苦的三线建设岁月等文化遗产正焕发着新的生机与活力。

本书是在我国传统村落快速消亡，全国全面开展传统村落评定、探究传统村落保护与开发利用的大背景下完成的。目前六盘水市正处在由工业城市转向山地旅游、休闲观光度假城市的关键历史时期，笔者结合自身科研方向，对六盘水市获批国家级传统村落的 10 个传统村落进行系统性研究，建议在传统村落的保护与利用过程中，应该以生态文明为建设指导思想，以"人与人""人与社会""人与自然"和谐共生、构建可持续发展为原则，开展民居建筑的改造、人居环境的建设、生态产业的升级、生态文化的打造、生态管理的构建。

传统村落需要研究的内容非常多，所涉及的范围非常广，由于笔者的研究能力水平和知识结构的限制，本书肯定存在很多不足和疏漏，希望广大热心的读者批评指正，笔者一定在此基础之上继续深入研究，希望能够为传统村落的保护与发展利用尽微薄之力。

本书从课题的申报、立项、项目调研至书籍的出版，一直受到相关部门领导、学院同事和朋友的大力支持与帮助，还得到六盘水市各乡镇村相关工作人员的热情接待与无私帮助，在此真心地道一声"谢谢"！特别感谢田孟珍女士和付书怡同学，对我工作的理解和大力支持，你们永远是我坚强的后盾；感谢六盘水师范学院科研处老师对我无私的帮助和疑惑的解答；感谢美术与设计学院和土木与规划学院的领导和同事，感谢艾德春、严凯、张龙、陶勇、段磊、刘海涛、肖波、吕选周、王兴勇、李西臣、匡其羽、王金鹏、王立威、潘和军、肖婵、范贤坤、杨学红、朱雄斌、李海荣、杨尊尊、余婷、卢罂、李双全、张明贤、贾岩、王颖、陈昕昕、张博潇等老师对我研究工作的帮助和包容。非常感谢六盘水师范学院 2018 级风景园林专业的袁明贵，2016 级风景园林专业的李浪红，2017 级风景园林专业的陈潇潇、张娅，2017 级城乡规划专业的陈军友、王军军等同学在学习和研究工作中的一路相伴！

付林江

2022 年 11 月